献给亲爱的准爸妈

每天10分钟

有趣胎教

主编　王山米

扫一扫，乐一乐
亲子故事，亲子笑话

吉林科学技术出版社

前言

孕育生命是一个神奇的过程。
宝贝，
爸爸妈妈很爱你，
希望你健康又聪明，
希望你诚实又勇敢，
希望你充满想象力，
……

在本书中，
根据胎宝宝的生长，为你提供了
最感人的赞颂生命、爱情和母亲的诗歌散文，
最经典的胎教音乐和名画，
全世界儿童都喜欢的儿歌和童话故事，
超有趣的益智游戏，
最简单的简笔画和手工，
……

快点跟随我们的脚步，
做一名快乐、幸福的准妈妈吧！
在快乐的氛围中，
实现爱的传递！

目录

妊娠分娩 40 周完全周历 /14

孕1月 胎教越早开始越好

第 1 周　期待爱的小天使 / 18
第 1 天　开启一段趣味旅程 / 18
第 2~3 天　胎宝宝就是个鬼马小精灵 / 19
第 4~5 天　有趣故事会:《熊丫头的红裙子》/ 20
第 6~7 天　“孕”的有趣变化 / 22
第 2 周　期待最完美的“邂逅” / 23
第 8 天　受孕是个神奇的过程 / 23
第 9~10 天　吃对食物，精壮卵肥 / 24
第 11~12 天　聪明的古人怎样做胎教 / 25
第 13~14 天　有趣故事会:《小牧童的回答》/ 27
第 3 周　生命的种子悄悄萌芽 / 28
第 15 天　《开始》踏上幸孕的旅程 / 28
第 16~17 天　在家 DIY 一杯鲜豆浆 / 29
第 18~19 天　有趣故事会:《田鼠哈利的水果拼盘》/ 30
第 20~21 天　未来的宝宝会像谁 / 32
第 4 周　一颗小种子“安全”着床 / 33
第 22 天　别迷糊得不知道自己怀孕了 / 33
第 23~24 天　绘画欣赏:《蒙娜丽莎的微笑》/ 34
第 25~26 天　动脑游戏：脑筋急转弯 / 35
第 27~28 天　有趣故事会:《驴子和钻石》/ 36

孕2月 怦怦怦！听到心跳啦

第 5 周　我和妈妈心心相印 / 40
第 29 天　享受"想象"带来的美好体验 / 40
第 30~31 天　妈妈多读书宝宝长智慧 / 41
第 32~33 天　有趣故事会:《木马退休》/ 42
第 34~35 天　好玩的树叶贴画 / 44
第 6 周　长出胳膊和腿的小芽儿 / 45
第 36 天　动手来玩七巧板 / 45
第 37~38 天　情绪胎教：惠养胎宝宝的心灵操 / 46
第 39~40 天　营养胎教：柠檬姜汁解孕吐 / 47
第 41~42 天　有趣故事会:《海鸥姑娘》/ 48
第 7 周　脑垂体开始发育 / 50
第 43 天　适合孕妈妈的运动 / 50
第 44~45 天　动脑游戏：快来玩数独 / 51
第 46~47 天　有趣故事会:《小烟囱的故事》/ 53
第 48~49 天　音乐胎教：唱儿歌给宝宝听 / 54
第 8 周　能在羊水中活动了 / 55
第 50 天　树式瑜伽做起来 / 55
第 51~52 天　动脑游戏：玩魔方 / 56
第 53~54 天　古诗欣赏:《采莲曲》《小池》/ 57
第 55~56 天　有趣故事会:《爱笑的小花》/ 58

孕3月 一副小人儿的模样

第 9 周　在水中自由舞动 / 62
第 57 天　营养胎教：低盐的肉末蒸蛋 / 62
第 58~59 天　动脑游戏：门萨测试 / 63
第 60~61 天　有趣故事会:《小兔过桥》/ 64
第 62~63 天　音乐胎教：欣赏京剧 / 66
第 10 周　正式成为"胎儿"/ 67
第 64 天　名画欣赏 :《睡莲》/ 67
第 65~66 天　听萌宝宝的童言童语 / 68
第 67~68 天　深呼吸有助胎教 / 69
第 69~70 天　有趣故事会:《小蛋壳的故事》/ 70
第 11 周　在妈妈肚子里不停活动 / 72
第 71 天　手工胎教：十字绣 / 72
第 72~73 天　轻松益智的脑筋急转弯 / 73
第 74~75 天　有趣故事会:《聪明的小毛驴》/ 75

第 76~77 天　教胎宝宝认字 / 76
第 12 周　手舞足蹈的小可爱 / 77
第 78 天　《三字经》节选 / 77
第 79~80 天　美育胎教：给宝宝画几幅画 / 78
第 81~82 天　营养胎教：燕麦南瓜粥 / 79
第 83~84 天　有趣故事会:《蘑菇桌》/ 80

孕4月 加强胎教的作用

第 13 周　手能握成小拳头 / 84
第 85 天　美育胎教：欣赏剪纸 / 84
第 86 天　蒙学经典:《百家姓》/ 85
第 87 天　给宝宝写首可爱的小诗 / 86
第 88~89 天　音乐胎教:《蓝色多瑙河》/ 87
第 90~91 天　有趣故事会:《快活的大汽车》/ 89
第 14 周　骨头一点点硬实了 / 90
第 92 天　把汤姆猫当成宝宝来对话吧 / 90
第 93 天　知识胎教："喵星人"的神奇之处 / 91
第 94 天　学习简单的趣味图形 / 92
第 95~96 天　年画欣赏:《射桃子》/ 93
第 97~98 天　有趣故事会:《傻乎乎的小鸭子》/ 94
第 15 周　能感觉到光线强弱了 / 96
第 99 天　运动胎教：做有氧操 / 96
第 100~101 天　用手语跟宝宝道早安、晚安 / 97
第 102~103 天　动手巧做意大利肉酱面 / 98
第 104~105 天　有趣故事会:《司马光砸缸》/ 101
第 16 周　握拳、伸脚、眯眼，这些我都会了 / 102
第 106 天　孕妈妈来按摩涌泉穴 / 102
第 107 天　名曲欣赏:《糖果仙女舞曲》/ 103
第 108 天　看看可爱的萌宝宝吧 / 104
第 109~110 天　名画欣赏:《小淘气》/ 105
第 111~112 天　有趣故事会:《三个和尚》/ 106

孕5月 宝贝的小手碰到妈妈啦

第 17 周 我能听见妈妈的肚子咕咕叫了 / 110
第 113 天 欣赏《八骏马》十字绣 / 110
第 114 天 运动胎教：快步走和半蹲练习 / 111
第 115 天 在家看有趣电影 / 112
第 116~117 天 营养胎教：补钙助生长 / 113
第 118~119 天 有趣故事会：《聪明的木匠》/ 114
第 18 周 跟妈妈玩捉迷藏的游戏 / 116
第 120 天 成语故事：揠苗助长 / 116
第 121~122 天 手工课：折百合花 / 117
第 123~124 天 手工课：折千纸鹤 / 119
第 125~126 天 有趣故事会：《乌鸦喝水》/ 121
第 19 周 能听见羊水内外的声音 / 122
第 127 天 古诗欣赏：《归园田居》（其一）/ 122
第 128 天 意念胎教：看 B 超勾勒宝宝模样 / 123
第 129 天 一家三口的互动游戏 / 124
第 130~131 天 运动胎教：转动腰部和推动骨盆 / 125
第 132~133 天 有趣故事会：《聪明的小象》/ 127
第 20 周 能记住准爸爸的声音 / 128
第 134 天 动脑游戏：猜谜语 / 128
第 135 天 光照胎教：胎宝宝来晒太阳吧 / 129
第 136 天 跟准爸爸制定一次轻松的旅行 / 130
第 137~138 天 名画欣赏：《诱惑》/ 131
第 139~140 天 有趣故事会：《拔萝卜》/ 133

孕6月

你喜欢爸爸给你唱的歌吗

第 21 周　我越来越聪明了 / 136

第 141 天　妈妈变出小兔子 / 136

第 142 天　带宝宝认识有趣小动物 / 137

第 143 天　冥想让心绪安宁 / 138

第 144~145 天　按摩提高记忆、缓解压力 / 139

第 146~147 天　有趣故事会:《矮儿子们的生活》/ 140

第 22 周　恒牙的牙胚在发育 / 142

第 148 天　诗歌欣赏:《远方》/ 142

第 149 天　唱曲调优雅的《雪绒花》/ 143

第 150 天　知识胎教：认识“父”“母”/ 144

第 151~152 天　玩《愤怒的小鸟》/ 145

第 153~154 天　有趣故事会:《丑陋的小刺猬》/ 147

第 23 周　能模模糊糊看东西了 / 148

第 155 天　诗歌欣赏:《定风波》/ 148

第 156 天　音乐胎教:《爱之梦》/ 149

第 157 天　有趣的手指健脑操 / 150

第 158~159 天　营养胎教：缓解妊娠水肿 / 151

第 160~161 天　有趣故事会:《爱思考的小欧拉》/ 152

第 24 周　感受到妈妈的喜怒哀乐 / 154

第 162 天　火眼金睛找不同 / 154

第 163 天　名画欣赏:《音乐课》/ 155

第 164 天　顺产瑜伽 / 156

第 165~166 天　名曲欣赏:《雨之歌》/ 157

第 167~168 天　有趣故事会:《阿飞上天玩》/ 159

孕7月 做些让胎宝宝更聪明的胎教

第 25 周　抓住自己的脚嘬个不停 / 162
第 169 天　笑一笑：哪里景色好 / 162
第 170 天　戏曲欣赏：黄梅戏《天仙配》/ 163
第 171 天　学习帮助分娩的拉梅兹呼吸法 / 164
第 172~173 天　多做点帮助呼吸的运动 / 165
第 174~175 天　有趣故事会:《做白日梦的小女孩》/ 167
第 26 周　听着外面的欢声笑语，我会拍手称乐 / 168
第 176 天　诗歌欣赏：《竹枝词》/ 168
第 177 天　带领宝宝玩转光影世界 / 169
第 178 天　营养胎教：蔬菜和水产品不可少 / 170
第 179~180 天　你会玩胎动游戏吗 / 171
第 181~182 天　有趣故事会:《智惩大灰狼》/ 172
第 27 周　我已经学会打嗝了 / 174
第 183 天　胎教音乐:《月光》/ 174
第 184 天　跟宝宝玩手电筒的游戏吧 / 175
第 185 天　准爸爸讲笑话：千万别喝水 / 176
第 186~187 天　儿歌简笔画：电扇 / 177
第 188~189 天　有趣故事会:《捞皮球》/ 179
第 28 周　我是文静还是活泼，妈妈应该知道了 / 180
第 190 天　认字儿歌唱起来 / 180
第 191 天　古诗欣赏:《春江花月夜》/ 181
第 192 天　动动脑猜字谜 / 182
第 193~194 天　名画欣赏:《摇篮》/ 183
第 195~196 天　有趣故事会:《寻找快乐的小花籽》/ 184

孕8月 时睁时闭的小眼睛

第 29 周　我能转头避开光线了 / 188
第 197 天　认识“爱”这个字 / 188
第 198 天　音乐胎教:《走天涯》/ 189
第 199 天　多双慧眼发现生活中的美 / 190
第 200~201 天　营养胎教：鱼让胎宝宝更聪明 / 191
第 202~203 天　有趣故事会:《父子扛驴》/ 192
第 30 周　我会睁眼闭眼了 / 194
第 204 天　教胎宝宝认识红色吧 / 194

第 205 天　继续英语启蒙 / 195
第 206 天　动手给胎宝宝做卡片 / 196
第 207~208 天　准爸爸多抚摸宝宝 / 197
第 209~210 天　有趣故事会:《蠢汉和毛驴》/ 198
第 31 周　我是会学习的小天才 / 200
第 211 天　孕妈妈插花，装扮温馨居室 / 200
第 212 天　认识数字 / 201
第 213 天　准爸爸讲百科：清明节 / 202
第 214~215 天　什么是圆 / 203
第 216~217 天　有趣故事会:《猴子和螃蟹》/ 204
第 32 周　我现在长出脚趾甲了 / 206
第 218 天　“推、推、推”的游戏 / 206
第 219 天　胎教音乐:《致爱丽丝》/ 207
第 220 天　打造优美的居室环境 / 208
第 221~222 天　名画欣赏:《阿波罗和九个缪斯》/209
第 223~224 天　有趣故事会:《小熊换牙》/ 210

孕9月　头部朝下为出生做准备

第 33 周　不高兴时就皱眉 / 214
第 225 天　最强大脑动动动 / 214
第 226~227 天　唤醒童年梦想的《龙猫》/ 215
第 228~229 天　有趣故事会:《小狐狸的鲜花店》/ 216
第 230~231 天　漂亮图画引发联想 / 218
第 34 周　我要适应外面的世界 / 219
第 232 天　准爸爸讲笑话：帮忙 / 219
第 233~234 天　放松运动，顺利分娩 / 220
第 235~236 天　儿歌:《小公鸡》/ 221
第 237~238 天　有趣故事会:《小熊穿皮鞋》/ 223
第 35 周　头朝下为出生做准备 / 224
第 239 天　诗歌欣赏:《面朝大海，春暖花开》/ 224
第 240~241 天　戏曲欣赏:《天上掉下个林妹妹》/ 225
第 242~243 天　有趣故事会:《穿靴子的猫》/ 226
第 244~245 天　古诗欣赏:《渭川田家》/ 228
第 36 周　我还在继续长体重 / 229
第 246 天　堆积木 / 229
第 247~248 天　悦耳童谣唱起来 / 230
第 249~250 天　名画欣赏:《墨葡萄图》/ 231
第 251~252 天　有趣故事会:《小熊的苹果树》/ 233

孕10月 可爱的宝贝终于来了

第 37 周　我不能随意活动了 / 236
第 253 天　爸爸妈妈玩跳棋 / 236
第 254~255 天　保健操让肌肉放松 / 237
第 256~257 天　有趣故事会:《邮寄梦的小田鼠》/ 239
第 258~259 天　体味不同风格的音乐 / 240
第 38 周　我皮肤滑溜溜的 / 241
第 260 天　诗歌欣赏:《你是人间四月天》/ 241
第 261~262 天　为宝宝介绍一下家庭成员吧 / 242
第 263~264 天　营养胎教：吃点催产菜 / 243
第 265~266 天　有趣故事会:《橘子月亮》/ 244
第 39 周　我随时都准备出来了 / 246
第 267 天　进行光照胎教啦 / 246
第 268~269 天　这样缓解产前焦虑 / 247
第 270~271 天　有趣故事会:《香喷喷的花伞》/ 249
第 272~273 天　名画欣赏:《向日葵》/ 250
第 40 周　我会在这一周内出生 / 251
第 274 天　引人入胜的填字游戏 / 251
第 275~276 天　早早准备好待产包 / 252
第 277~278 天　腹式呼吸让胎宝宝呼吸新鲜空气 / 253
第 279~280 天　宝宝如约而至 / 254

附录　亲亲宝贝抚触操　/ 255

妊娠分娩40周完全周历

	孕2月 5~8周	孕3月 9~12周	孕4月 13~16周	孕5月 17~20周	孕6月 21~24周
胎儿指标	身长 0.4~1.66 厘米	身长 6.7~11.9 厘米 体重 8.5~45.4 克	身长 13.2~21.2 厘米 体重 92.6~145.7 克	身长 24.3~27.4 厘米 体重 231.9~243.3 克	身长 29.7~32.5 厘米 体重 519.2~689.9 克
胎儿的发育	胎儿和母体之间形成胎盘 胎儿的身体器官开始形成	身体和手脚发育起来 手指形成 四肢可以活动，脸部也逐渐清晰 外生殖器官已发育	通过脐带吸收营养 骨骼和肌肉也逐渐发育起来 头皮已长出毛发 开始出现呼吸运动 从外生殖器可辨认出胎儿的性别	胎儿脑袋长到鸡蛋那么大，全身有毳毛及胎脂 骨骼肌、心脏、听觉、视觉、味觉进一步发育 大脑已经发育，能及时产生与孕妈妈完全一致的喜怒哀乐和感受	开始长出眉毛、睫毛 眼睛可以自由开合了 各脏器已发育 皮下脂肪开始沉积 皮肤出现皱纹
孕妇的变化	确认已经怀孕 身体发热，感到疲倦 情绪容易波动 早孕反应开始	妊娠反应高潮期 常感到心绪不适 容易疲劳、犯困 乳房发胀，乳头和乳晕变黑	胎盘完全形成，流产风险大大降低 腹部稍见隆起 阴道分泌物变多 皮肤容易出现雀斑、黄褐斑 妊娠反应有所减轻	大部分妊娠反应停止 食欲恢复 胸部变大 小腹部突出稍显 容易贫血 开始感觉胎动	容易感觉腰痛 腿脚容易抽筋 心跳和气息变得剧烈 腹部明显凸出
本月备忘	去妇产科确认是否正常怀孕 注意孕妇用药的禁忌 禁酒禁烟，调整饮食	确定孕检的医院 四周进行一次产检 领取《孕妇健康手册》 避免激烈运动 预防便秘，多摄入膳食纤维素 避免提拿重物	注意科学地管理体重 注意预防和护理妊娠纹 准备上班时穿的孕妇装	注意多摄取铁质 建议孕前处理牙齿疾病，如孕期出现牙齿疾病，建议此时治疗 参加孕妇课堂	检查乳房 情况稳定，要经常去外面散步，但要避免到声音嘈杂的地方去，这会让胎宝宝不适应 避免长途旅行和身体受凉

当验孕棒上出现两条线，标志着属于你的小天使终于来临了。从那一刻起，你要和他形影不离地度过这 280 天的美妙旅程了。现在开始提前看看沿途的风景吧！

孕 7 月 25~28 周	孕 8 月 29~32 周	孕 9 月 33~36 周	孕 10 月 37~40 周	产后 1 个月
身长 **35~38** 厘米 体重 **919~1150** 克	身长 **40~42** 厘米 体重 **1438~1733** 克	身长 **44~47** 厘米 体重 **2007~2303** 克	身长 **49.6~50.5** 厘米 体重 **2905~3132** 克	随着第一声啼哭，宝宝开始用自己的肺呼吸了
大脑和听觉发育完成 手可以握起、放开 耳朵会听外界的响动	胎儿的活动更加活跃 听觉已经基本发育完成，对声音更敏感了 胎头开始下降，在为分娩做准备	内脏器官的发育基本完成 肺部具备了呼吸功能	胎头进入骨盆 胎动减少	
下肢容易水肿 向前弯腰困难 容易出现妊娠纹 仰卧时感觉辛苦 容易出现便秘和痔疮 胎动越来越强，有时会影响睡眠	容易水肿 尿频出现了 容易患妊娠高血压 有时感觉腹痛	食量有所减少 腰背疼痛 容易漏尿 夜晚难以入睡 阴道分泌物增多	胃部不适减轻，食欲转好 脚跟及耻骨周围有痛感 阴道分泌物更加多了 腹痛的次数有所增加	生产后，可能会出现子宫收缩痛 乳房感觉胀痛
注意盐和水分的摄取 调整饮食，预防便秘、痔疮 多跟胎宝宝说说话	产检 **2～4** 周一次 学习分娩的知识 给宝宝起个好名字 寻找合适的月嫂	回老家分娩的孕妇应该起程了 了解宝宝出生后需要办理的各项手续 确认产假相关事宜，请产假	产检增加为每周一次 确认去医院的交通方式 装好待产包，随时准备出发	给宝宝申报出生证明 产后 **1** 个月的健康检查 将喜讯告诉亲朋好友

孕1月

胎教越早开始越好

第1周 期待爱的小天使

亲爱的爸爸妈妈，我很兴奋地期待着来到你们的身边，你们是不是也和我一样兴奋，是不是比我还要紧张呢？哈哈，我十分开心你们的紧张与在乎，说明我是完美的爱的结晶，满满的都是爱，好幸福呢！

第1天 开启一段趣味旅程

妈妈和宝宝的变化

子宫内膜在生理周期的最初两周增厚，为怀孕做准备。这是你月经的第一天，如果你尝试在这个生理周期怀孕，请在日历上将这重要的一天标记出来。

从今天开始，你即将成为一个母亲，而这个身份将伴随你接下来的整个人生。所以，你要做好成为妈妈的准备，无论是从心理上还是从身体上，都要完全接受并认同这个身份，认同了这个身份就意味着认同了即将在你体内安家的小生命。

达·芬奇曾经写道:“怀孕时，同一个灵魂支配着两个肉体，母亲盼望的事情，在她有这个愿望的时候，就不断地影响着胎内的孩子，母亲所持有的意志、希望、恐怖以及精神上的痛苦，对胎儿的影响要远远大于母亲自己。”所以，要认真地对待自己的新身份，以最完美的姿态迎接小天使的到来。

第2~3天 胎宝宝就是个鬼马小精灵

妈妈和宝宝的变化

卵子已经发育，一旦任何一个卵泡发育成熟，卵子就将被排出。了解追踪生理周期，了解它是怎样一个过程，能帮助你提高受孕的概率。

有时，你也许会疑惑那么小的胎宝宝真的可以听到你说话，感受你的感受吗？答案是肯定的，胎宝宝是一个精灵，他可是有思想的。

会笑 胎宝宝在出生前的几周里就已经会笑了，这是胎宝宝为了适应外面的世界所做的准备。出生后的小婴儿不笑，那是因为环境太陌生了，他害怕。

会哭 既然会笑，胎宝宝也是会哭的，有时是低声抽泣，有时是表情夸张的大哭，怎么样？很会耍宝吧？

Tips

妈妈，不是所有声音我都喜欢的

妈妈大人，宝贝最喜欢妈妈的说话声和小鸟的歌声了，多让宝贝听听这些声音吧！宝贝最不喜欢吵闹的声音，带着宝贝赶紧避开吧！

会听 4个月开始，宝宝就可以听到声音了；到6个月大时，就能分辨出不同的声音，此时，他能够听出妈妈的声音；到了8个月，就能区分声音的高低强弱了。

会看 从宝宝能听到声音开始，就能够对光线做出反应了。7个月后，就能够分辨光线的强弱，9个月大就可以看清东西了。此时，你若是用手电筒有节奏地照射腹壁，胎宝宝不仅可以睁开眼睛，还会将脸转向有光亮的地方。

会动 胎宝宝是喜欢做运动的好宝宝，从第9周开始，他就迫不及待地运动起来了，一会儿抬胳膊，一会儿伸伸腿。

有情绪 胎宝宝在第1个月时就会对周围的刺激有反应；在第2个月时，受到刺激会通过蹬腿、摇头等动作，来表达自己是喜欢还是讨厌；到了第6个月时，会因妈妈的情绪不佳等因素发脾气。

第4~5天 有趣故事会：《熊丫头的红裙子》

妈妈和宝宝的变化

此时，卵巢里的卵子在发育着。良好的饮食是保证受孕和妊娠的重要部分，所以，备孕爸妈一定更要养成良好的饮食习惯。

熊妈妈最小的女儿就是熊丫头了。熊丫头从小就爱漂亮，到现在这习惯还没变。

今天是熊丫头的生日，妈妈给她做了一条漂亮的白裙子。熊丫头美滋滋地穿着白裙子在外面走了一圈，大家见了都纷纷夸赞她。

熊丫头想，小鹿姐姐有条裙子是玫瑰红的，可漂亮了，走在绿色的丛林中，就像一朵盛开的鲜花。我这条白裙子跟那裙子比起来可就太普通了，一点儿都不好看。

熊丫头越想越不高兴，于是自个儿走到后面的山坡上，那里有一大片盛开的玫瑰花。熊丫头摘下大把大把的玫瑰花瓣，放进篮子中，盛了满满一篮子。熊丫头拎着玫瑰花瓣回家，将那条雪白的裙子和玫瑰花瓣一起扔进洗衣机里。

一会儿工夫，熊丫头从洗衣机里拿出洗好的衣服。哎呀，白裙子真的被染成玫瑰红的了。熊丫头可高兴了，把裙子放到阳台上晾干。

等裙子干了之后，熊丫头就迫不及待地换上了这条漂亮的玫瑰红裙子，心里别提多美了。这条裙子不光是玫瑰红的，还散发出阵阵玫瑰花的香味呢！熊丫头于是想穿着这裙子在外面转一转，好让大家都夸奖一番。

可是刚出门，熊丫头就被一群蜜蜂盯上了。现在正是蜜蜂采蜜的时节，可是他们发现后面山坡上的玫瑰花全都没了。他们沿着香味一路追踪过来，看见了这朵又大又红、还会走路的玫瑰花。

蜜蜂们可高兴了，嗡嗡叫着对熊丫头紧追不舍。熊丫头吓坏了，提着红裙子的裙摆，飞快地往前跑。蜜蜂太可怕了，万一叮在她头上，不知道有多痒痒。熊丫头拼命地逃啊，终于逃进了家里。关上门，她在门背后呼哧呼哧地喘着粗气。

打这以后，熊丫头再也不敢穿这条玫瑰红的裙子了。她对它说："我实在对不起你们，玫瑰花瓣，我向你们认错了。"

潮妈奶爸心·语

熊丫头的白裙子本来挺漂亮的，可是她就想要玫瑰红的裙子，糟蹋了一大片玫瑰花，还引来蜜蜂的围攻。不过到最后，熊丫头终于意识到自己的错误，并且诚实地向玫瑰花们道歉了。这才是好孩子的榜样。

第6~7天 “孕”的有趣变化

妈妈和宝宝的变化

每个月有15~20个卵泡成熟，但是通常只有一个完全成熟，并被排出。

整个孕期，孕妈妈都会对肚子里的小生命满怀期待。生命是个很奇妙的过程，而“孕”这个字，从古到今的演变也透露了它内在的含义。生命的奇妙和繁衍的秘密，通过小小汉字的演变传递了下来，带给人们的不仅是文字的意义，更有生命的神秘和惊喜。

甲骨文 甲骨文的“孕”，像一个大腹便便的侧面人形，在腹部的位置画了一条弧线，说明这个“人”有一个大肚子；另一种甲骨文则更形象些，腹中有“子”，表示怀有身孕的意思。

金文 金文的“孕”字，在甲骨文的结构基础上增加了一短横，表示女人有孕在身。

小篆、楷体 小篆的“孕”，字形讹变，不但腹中之“子”跑了出来，而且“人”形也已变样，很像一个女人躬起身子保护一个伸开双臂的小婴儿，最后演变为楷书从乃从子的“孕”字。

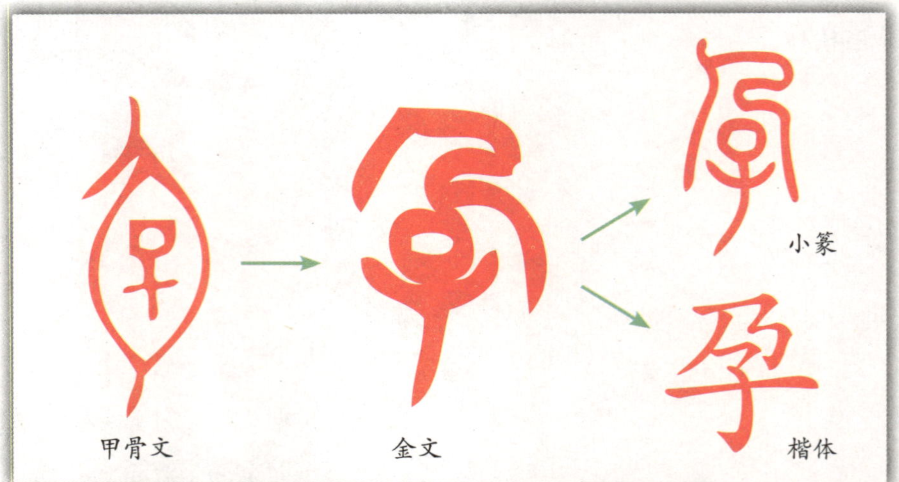

第2周 期待最完美的“邂逅”

备孕爸爸戒烟戒酒补番茄红素补维生素E，备孕妈妈补充卵磷脂。将精子养壮、卵子养肥，避开受孕雷区，在舒心的环境下等待着精子和卵子最完美的“邂逅”。

第8天 受孕是个神奇的过程

妈妈和宝宝的变化

在这周晚些时候，你可能会进行排卵，可以多了解一些显示身体处于最易受孕状态的征兆，以便能够帮助你成功受孕。

受孕是一个非常有趣的过程。卵细胞自卵巢排出后，进入输卵管。此时，夫妻同房，一次射出的精液为2~6毫升，里面含有精子数为6000万至2亿多个。精子会在输卵管外侧1/3处与卵子相遇。只有一个强壮的精子能捷足先登，精子的头颈部不停地向卵子的中心移动，渐渐和卵子的细胞核接近。最后，精子和卵子的细胞核融为一体，这时的卵子就成为受精卵。

受精卵依靠输卵管的蠕动和输卵管内部的细纤毛摆动，在四五天后到达子宫腔内着床。受精卵在运行过程中和着床后，细胞不断分裂、变化，即1个变2个，2个变4个，4个变8个……最后就形成了胚胎。与此同时，子宫内膜也做好了一切准备，用疏松的温床和丰富的养料，准备迎接未来的小客人。这就是受孕的经过。

第9~10天　吃对食物，精壮卵肥

妈妈和宝宝的变化

在等待排卵的同时，随着卵泡逐渐地成熟到排出卵子，你的卵巢也在发生着奇妙而又神奇的变化。

适合准爸爸吃的补精食物	
 枸杞子	补肾益精，养肝明目。能够明显增强性功能。
 香蕉	香蕉中富含镁，镁可以增强精子的活力，提高男性的生育能力。
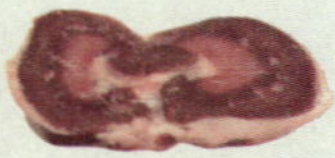 羊肾	补肾，益精。能有效增强性功能，改善性趣不足。
 牛肉	牛肉中的锌含量丰富，锌不但是构成精子的重要元素，还和精子的产生过程密切相关。
 牡蛎	牡蛎中锌的含量是目前所知的天然食物中最为丰富的，是天然的补精良药。

适合孕妈妈吃的助孕食物	
 红枣	红枣有一定催情作用，女性常吃红枣，可增强性欲。
 鸡蛋	含蛋白质、脂肪、多种维生素、锌、钙、磷及铁等，是性生活后补充体力的最佳食物。
 芦笋	富含叶酸，有助于胎宝宝的神经管发育。
 干果	如葵花子、核桃仁、杏仁、花生、松子仁等，有健肾、补血、益胃、润肺等功能。
 豆制品	豆制品富含蛋白质，被人体吸收后会变成“精氨酸”，可增强性功能，消除疲劳。

第11~12天 聪明的古人怎样做胎教

妈妈和宝宝的变化

你的身体的激素水平会在生理周期的这个阶段升高，所以你可能会有比较强的性欲，就好像是大自然安排好了一切。

胎教可不是现代才有的，我国古代就特别注重孕妇的道德性情修养，要求遵循一定的生活准则，避免各种不良刺激。

司马迁在《史记》中曾有记载："太任有妊，目不视恶色，耳不听淫声，口不出秽言，食不进异味。"这段话是说周文王的母亲太任在怀孕的时候，不看不好的东西，不听难听的声音，不说狂傲的话语，不吃辛辣生冷等刺激食品。这是我国记载最早的关于胎教的内容。后来周文王治国贤明，所创的丰功伟绩多少跟母亲的胎教有关系吧！

孟子的母亲怀孕期间也曾说："吾怀妊是子，席不正不坐，割不正不食，胎之教也。"这些都说明我国古代对于胎教的重视。

我国古代的胎教思想

调情志 孕期宜心情愉悦，静心宁欲，心胸开阔，遇事乐观。

慎寒温 孕期应避免风寒侵袭、忽冷忽热。

节饮食 孕期宜食用营养丰富而易于消化的饮食，切忌辛辣生冷食品。

慎起居、调劳逸 孕期宜起居有序、劳逸适度。

远房事 孕期节制性生活，以免伤胎。

美环境、悦子身 要多处于美好的环境当中，多接触美好的艺术作品。

戒酒浆 古人指出酒能伤胎，宜戒为佳。

避毒药 孕期应减少不必要的服药。

慎针剂 慎针灸穴位，避免引起流产与早产。

安待产 临产时应安详、镇静、莫恐慌，以降低难产发生的概率。

潮妈奶爸心语

这几个问题可真难啊，不过爸妈觉得这些问题还能有别的答案。宝宝，你想到这些问题的答案了吗？

第13~14天 有趣故事会:《小牧童的回答》

妈妈和宝宝的变化

这是受孕的最佳时间。通常排卵发生在生理周期的第14天，也有可能提前或者推后，但是这个时候不要过多去想自己什么时候排卵，而应该让自己尽量放松。

从前，有一个聪明的小牧童，不管别人问什么，他总能很巧妙地回答。人们都觉得他了不起，他的名气就越来越大，一直传到国王的耳朵里。国王不相信一个放牛的小孩子能有这么厉害，于是把小牧童叫到宫里来。

国王说："放牧的小孩，要是我提出三个问题，你都能回答，我就认你为干儿子，你就同我一起住在王宫。"牧童问："那您要提什么样的问题呢？"

国王说："第一个问题开始了：大海里有多少滴水？"

小牧童回答："尊敬的陛下，您请下令堵上所有河流的水，不让它们流进大海，直到我数完大海里的水。那我就能告诉您大海里有多少滴水了。"

国王又问："这是第二个问题：天上有多少颗星星？"

牧童说："请给我一张纸。"他拿笔在纸上戳了无数的小细点，细到都看不出来了，自然也就没法儿数清。牧童说："天上的星星同这纸上的点儿是一样多的。你们仔细数数吧！"可是国王的随从们怎么都数不清上面有多少个点儿。

最后，国王只好提出了第三个问题，问："永恒有多少秒？"

牧童回答说："在波美拉尼亚有座钻石山，这座山高两英里（1英里=1 609.344米），宽两英里，深两英里。每隔一百年有一只鸟儿飞来，啄这座钻石山。等到这整座钻石山都被啄完时，永恒的第一秒就完了。"

国王听到这里不禁大为欢喜，连声称赞道："你真是个聪明的孩子。你回答我的三个问题都回答得这么聪明睿智。从今往后，你就跟我一起住在宫中吧，我会把你当亲儿子一样对待的。"

第3周 生命的种子悄悄萌芽

从精子先生进入卵子小姐内部的那一刻起，生命的种子悄然萌芽。而且，我是男孩儿还是女孩儿就确定了。如果精子先生携带的性染色体是X染色体，我就是女孩儿；性染色体如果是Y染色体，我就是男孩儿。

第15天 《开始》踏上幸孕的旅程

妈妈和宝宝的变化

孕妈妈刚刚排出的卵子只能够存活24小时，在这段时间内，会有一个精子冲破重重阻碍，到达卵子所在的地方，和卵子相遇、受精。

“我是从哪儿来的，你，在哪儿把我捡起来的？”孩子问他的妈妈说。

她把孩子紧紧地搂在胸前，半哭半笑地答道——

“你曾被我当作心愿藏在我的心里，我的宝贝。

“你曾存在于我孩童时代的泥娃娃身上，每天早晨我用泥土塑造我的神像，那时我反复地塑了又捏碎了的就是你。

“你曾和我们的家庭守护神一同受到祀奉，我崇拜家神时也就崇拜了你。

“你曾活在我所有的希望和爱情里，活在我的生命里，我母亲的生命里。

“在主宰着我们家庭的不死的精灵的膝上，你已经被抚育了好多代了。

“当我做女孩子的时候，我的心的花瓣儿张开，你就像一股花香似的散发出来。”

——泰戈尔

第16~17天 在家DIY一杯鲜豆浆

妈妈和宝宝的变化

当卵子成功受精之后，就会自然发生激素的变化，这个时候正常的生理周期会停止。伴随受精卵开始着床的过程中，至关重要的细胞分裂开始。

孕期适当饮用豆浆，不仅从营养方面对孕妈妈及胎宝宝有很大好处，从缓解孕期心情方面也是一个很好的办法。

亲手打豆浆的好处

1. 豆类中蛋白质含量高，尤以大豆中的蛋白质更佳，其在人体的吸收率很高，属于优质植物蛋白，打制豆浆饮用，对于胎宝宝的大脑发育、提高孕妈妈的免疫力都有很好效果。

2. 自制豆浆健康、安全，还能多种搭配，变换口感，补充营养。比如豆类可以和豆类搭配，还可以和蔬菜、水果、谷类、坚果、干果等搭配，各有不同味道。

Tips

可以根据自己的口味在豆浆中加入冰糖或白糖。

三步打豆浆

1. 将黄豆洗净，然后浸泡6~8小时。

2. 将黄豆放入豆浆机中，加入适量清水，启动豆浆机。

3. 豆浆机提示打好后，用滤网过滤即可。

第18~19天

有趣故事会：《田鼠哈利的水果拼盘》

妈妈和宝宝的变化

这个时候你的生殖器官在经历各种复杂的过程，受精卵已经准备在子宫内膜着床，一旦完成着床，孕期就将正式开始。在那里，它会很快发育成胚胎。

今天有一个特别的活动，大家都要带来各种自己动手做的美食，举办一场班级宴会。

校长长颈鹿先生带着品菜团的老师们走进来，将每位学生做的菜都品尝一口，大家不住点头："真好吃，真不错。"校长对鼹鼠的红烧排骨特别满意，鼹鼠高兴坏了，在椅子上动来动去的。

等到校长他们走了，斑马老师一声令下，大家便举着筷子不住品尝各种美味佳肴。燕子在教室上方飞舞盘旋，给大家表演了一段舞蹈。白天鹅站到讲台上给大家说了一段相声。鼹鼠发现田鼠哈利一直没有动筷子，以为是这些菜不合他胃口，又担心他身体不舒服。于是鼹鼠小声地问田鼠到底怎么回事，可是田鼠一言不发。

燕子偷偷拽了鼹鼠一把，小声告诉他："田鼠家里很穷，买不起大鱼大肉，只做了一个水果拼盘。他看着满桌子的好饭好菜不好意思动筷子。"

原来如此。鼹鼠心里琢磨着，问小黄狗说："小黄狗，你干吗老吃排骨啊，不觉得腻吗？"说着他夹起一块水果。

小黄狗看一眼鼹鼠说："满桌子就这么一盘水果，我不舍得动筷子，你倒先吃上了。"说着也夹起一块水果往嘴里扔。水果还没到嘴呢，他又连着打了两个喷嚏。

鼹鼠急了："小黄狗，你怎么能对着水果拼盘打喷嚏呢？太不卫生了。"说着他就将盘子端了起来。

白天鹅伸长脖子，从盘子里叼走一块水果："鼹鼠，你可不能独吞啊！"

看到鼹鼠、小黄狗和白天鹅都为了水果拼盘争抢不休，同学们都凑上来要吃。拼盘一下子就被大家抢光了。

燕子在空中飞来飞去地评价："只可惜拼盘实在太小了。"

潮妈奶爸心语

我们要多体谅朋友，多为朋友着想。你看，大家争抢水果拼盘，让田鼠觉得自己的东西很受欢迎，他不会因为买不起肉菜而自卑了。

第20~21天　未来的宝宝会像谁

妈妈和宝宝的变化

这个时候你的子宫正在发生重大的变化，在未来的72小时内，受精卵将会着床。

宝宝未来的身高——父母影响各占一半

在必要的营养条件下，孩子的身高有70%的主动权掌握在父母的手里，因为决定身高的因素35%来自父亲，35%来自母亲。当然，宝宝的身高还有30%决定于后天的营养和锻炼。如果父母的个子都不高，那就要特别重视这后天的30%。

宝宝的智力——妈妈的影响更大

科学家指出，与智力有关的基因主要集中在X染色体上，女性有2个X染色体，而男性只有1个X染色体，所以说妈妈的智力在遗传中起到更为重要的作用。

宝宝的性格——爸爸的影响更大

孩子的性格更多地跟父亲的性格有关，尤其是父亲的性格对于女儿的影响更大。性格的形成会受到先天的影响，但主要还是后天影响，遗传对于性格的影响是比较有限的，自身的经历和周围的环境起着更为重要的作用。

宝宝的相貌——具体情况具体分析

眼睛大小　父母有一人是大眼睛，生大眼睛孩子的可能就会大一些。

单（双）眼皮　单眼皮与双眼皮的人，生宝宝极有可能是双眼皮。但父母都是单眼皮，一般孩子也是单眼皮。

睫毛　父母只要一人有长睫毛，孩子一般也会是长睫毛。

鼻子　父母中一人是挺直的鼻梁，遗传给孩子的可能性就很大。

肤色　基本是父亲母亲肤色中和的结果。

胖瘦　父母的胖瘦会有40%~50%的概率遗传给下一代。

第4周 一颗小种子“安全”着床

在第4周，我已经在子宫内安全“着床”了。受精卵会分泌能分解蛋白质的酶，破坏子宫内膜，在内膜表面造成一个缺口，并逐渐往里层侵蚀。当受精卵进入子宫内膜后，子宫膜上的缺口迅速修复，把受精卵包围，直到这时，受精卵便着床了。

第22天 别迷糊得不知道自己怀孕了

妈妈和宝宝的变化

现在你的身体正在产生孕期激素，这个时候很多的孕妈妈已经迫不及待想到知道结果了，不过现在还很难准确地测到，所以还是需要静下心来等等再做测试。

一般来说，在怀孕前期身体不会有明显的征兆，但是你的身体已经在悄悄地发生变化了。如果你一直测量基础体温的话，会发现此时基础体温持续升高。也有部分人在受精卵着床时可见白带中带丝或有点状出血。

1. 基础体温上升持续3周以上。
2. 月经迟迟不来。
3. 乳房更加柔软丰盈，乳头、乳晕颜色加深。
4. 容易疲劳。
5. 白带增多。
6. 出现呕吐等不适。
7. 口渴。

第23~24天 绘画欣赏:《蒙娜丽莎的微笑》

妈妈和宝宝的变化

可以通过仪器看到着床在子宫内膜上的整个胚囊，现在你可能已经怀孕了，所以选择健康的生活方式，保持和增进身体健康是非常明智的方法。

今天我们一起来欣赏一幅伟大的名画作品——《蒙娜丽莎的微笑》，这是文艺复兴时期画家列奥纳多·达·芬奇所绘的一幅肖像画。画中的女主人公是个真实的人物，是佛罗伦萨一个富商的妻子。画中，她的微笑恬静、优雅、神秘，令人倾倒。有些人经过研究，说蒙娜丽莎之所以能有这样的微笑，是因为她已经怀孕，只有孕妇才能有这样的微笑。这是不是真的呢？同样是孕妈妈的你觉得呢？

欣赏这幅画时，要感受画的意境，然后闭上眼睛，让画在脑海里呈现，用心体味和模拟微笑中的情感，是不是觉得对腹中胎宝宝的爱意又更深了一层？

第25~26天 动脑游戏：脑筋急转弯

妈妈和宝宝的变化

胚胎已经成功在子宫内着床，并且埋在子宫内膜下的小点现在变成了一个结团，这个结团的作用是阻止血液的流失、保护胚胎。这个时候你要分散注意力，避免总是不断想知道自己是否怀孕。

脑筋急转弯有助于激活脑细胞，提高想象力，拓展知识面。孕妈妈和胎宝宝赶快一起来动动脑，猜猜看吧！

题目

1. 把24个人按一行5人排列，排成6行，该怎样排？
2. 世界上什么东西以近2000千米/小时的速度载着人奔驰，而不必加油或加其他燃料？
3. 用1、2、3这3个数字组合表示的最大数字是多少？
4. 什么话可以世界通用？
5. 为什么自由女神像老站在纽约港？
6. 一天慢24小时的表是什么表？
7. 为什么阿郎穿着全新没破洞的雨衣，却依然弄得全身湿透？
8. 一头公牛加一头母牛，猜三个字。
9. 放一支铅笔在地上，要使任何人都无法跨过，怎么做？
10. 用什么擦地最干净？
11. 为什么现代人越来越言而无信？
12. 小赵买一张彩票，中了一等奖，去领奖却不给，为什么？
13. 在船上见得最多的是什么？
14. 用什么方法可以立刻找到遗失的图钉？

答案

1.排成六边形即可 2.地球 3."3"的"21"次方 4.电话 5.她不能坐 6.停着不走的表 7.因为他在炎热的太阳底下穿着雨衣 8.两头牛 9.放在墙边 10.用力 11.因为打电话比写信方便 12.没到领奖的日期 13.水 14.光着脚走

第27~28天 有趣故事会:《驴子和钻石》

妈妈和宝宝的变化

这个时候你因为在寻找怀孕的征兆，所以你会发现自己会对身体上的任何一点刺痛都加以分析。当受精卵完全在子宫内着床后，有时可能会引起少量出血。

有一位拉比家里特别穷，靠打柴来过活，每天他都要把柴火从深山中背到城里去卖。为了有时间能够专心研究犹太法典《塔木德》，他决定买一头驴子代步。

拉比来到集市上，从一位窦玛利人手中买了一头驴子，骑着它回来了。拉比的学生们见到驴子一副疲惫不堪的样子，就把它牵到河里去洗澡。半路上，驴脖子上掉下来一颗钻石，足足有10克拉重。学生们见此情景欢呼雀跃，认为拉比从此能够摆脱贫困的生活，专心致志地研读《塔木德》了，这样他们也能更好地聆听这部圣典了。

出乎学生们意料的是，当学生们把钻石交给拉比，并告之其来历后，拉比却急匆匆地捧着钻石向集市跑去，他连到河边牵驴都没顾上。

拉比一路狂奔到集市，找到那位卖驴子的人，将钻石交还到了他的手上。卖驴人一脸疑惑的表情，完全不知道发生了什么事。拉比说："我买的是驴子，并没有买钻石。我只拥有那头驴子的所有权，驴脖子上的这颗钻石必须还给你。"卖驴人这才明白是怎么一回事，紧接着又露出惊奇的神色，恭恭敬敬地问道："你买下了那头驴子，钻石在驴子身上，要是你不拿来，我也一无所知。为什么你还要这样做呢？"拉比平静地回答说："我必须遵守我们犹太人的传统。我们的神训示过我们，我们的手是洁净的，只能拿走我们支付过足够金钱的东西。我没有为钻石付钱，所以钻石必须还给你。"

注：拉比是犹太的一个特别阶层，主要是有学问的学者、老师，是智者的象征。

潮妈奶爸心语

宝宝你看，这位拉比买驴子结果得到了一颗钻石，他没有把这颗钻石拿回来自己用，而是还给了卖驴子的人。他够诚实吧？你要不要向他学习？

孕2月

怦怦怦！听到心跳啦

第5周 我和妈妈心心相印

我现在还是一个长约6毫米的小胚胎，有苹果籽般大小，看起来像个“小海马”。在这周，我的神经系统和循环系统已开始分化，而且其他的主要器官也都开始出现并生长。在这周我就有心跳了，从此我就可以和妈妈心心相印，和妈妈一同感受生活的美好了。

第29天 享受“想象”带来的美好体验

妈妈和宝宝的变化

如果现在你还没有来月经的话，可以在家做怀孕测试来确定自己是不是真的怀孕了。这个时候也许你还没有感觉到自己已经怀孕，但你的子宫却发生着巨大的变化。

最不受限制的方式就是孕妈妈的想象了，也许因为客观原因不能到北美洲旅游，但是这并不妨碍你“看”到北极之光、尼亚加拉瀑布，寻找传说中的独角鲸，邂逅大灰熊。想象是最奇妙的放松方式，哪怕是几分钟的独处，闭上眼睛肆意地想象，也会带给孕妈妈欢乐、宁静、释然的感受。千万不要小看想象的作用，这些“想象”会给你带来更多美好的体验，而你在孕期所遇到的一切困难也会变得容易克服了。

第30~31天 妈妈多读书宝宝长智慧

妈妈和宝宝的变化

从受精到现在已经有3个星期了，这个时候胚胎开始发育，大脑和中枢神经系统已经慢慢开始形成了。

怀孕了，忙碌的时间慢慢减少，孕妈妈可以自己安排的时间多了。用读书将这段时间充实起来吧，为自己，更为宝宝。

跟着妈妈做个爱读书的孩子

胎宝宝在孕妈妈肚子里就会养成和孕妈妈一样的习惯。如果怀孕的妈妈既不思考也不学习，胎宝宝也会深受感染，变得懒惰起来；相反，如果孕妈妈能够养成读书的习惯，那么将来的宝宝也会爱学习、爱思考。

读书增长胎宝宝的智慧

读书，可以激发孕妈妈丰富的联想，而孕妈妈的联想能够产生一种神经递质，这种神经递质经过血液循环进入胎盘而传递给胎宝宝，然后分布到胎宝宝的大脑及全身，给胎宝宝脑神经细胞的发育创造一个与母体相似的神经递质环境，使胎宝宝的神经向着优化的方向发展。

书的选择

书的选择没有一定之规，能让人产生美好情绪、美好联想的书籍都可以，要避免那些会对感官造成强烈刺激的书。

孕妈妈应该多读优美的散文、诗歌、童话故事，如冰心、朱自清、秦牧、徐志摩、泰戈尔等的诗文，以及《安徒生童话》《格林童话》等。我国的古代诗词意境优美、情感美好，也是很好的选择。

读书的注意事项

孕妈妈读书时，要全身心进入书中的美好境界，只有这样，才能与宝宝产生共鸣。孕妈妈的眼睛极易疲劳，要注意保护眼睛，适当休息。

第32~33天 有趣故事会:《木马退休》

妈妈和宝宝的变化

在这个时间段当中，作为还没有出生的宝宝的生命线——胎盘正在形成，胎儿脊椎的基础也正在逐渐形成当中。

妮妮下午跟小朋友们在游乐园里玩得太开心了，把自己的帽子都落下了，到晚上才想起来，于是赶紧跑回去找。

这时候，外面下着小雨，风冷飕飕的。天色都暗了下来，见不到一个人影。木头长颈鹿就站在儿童游乐园门口，看到妮妮便说:“你来了可太好啦！木马就要退休啦，你是他的好朋友，跟我们一起欢送他吧？”

听说木马要退休了，妮妮可伤心啦，泪水啪嗒啪嗒地就落了下来。妮妮上前搂住木马的脖子说:“木马啊，你别走了吧，留下来跟我们一起玩多好啊？”

可是木马说:“唉，不行啦，我太老了，身体受不住，天气糟糕的时候，全身的骨节都在疼，说不定哪一天就会散架了，要是让小朋友受伤了可怎么办？为了小朋友们的安全，我得退休了。”

妮妮问他:“那你要上哪里去呢？”

木马安慰她说:“妮妮，别担心，我会回到玩具国去。不过我的孩子转马还有我的侄子奔马都来了，有他们陪你们我就放心了。”

妮妮转头一看，果然新来了转马和奔马，都站在木马旁边。转马有六兄弟，都是木头做的，有红、蓝、黄、绿、白、黑6种颜色。大家关系挺好，靠在一起形成一个圈。

奔马是塑料做的，颜色鲜艳，长得很漂亮。

木马告诉妮妮:“要是通上电，奔马就能跑得很快，所以他又叫电动奔马。”

奔马和转马都激动地对妮妮说:“妮妮，赶紧坐上来试试吧！”

木马又转过身对他们说:“孩子们，你们以后得注意安全啊！别跑太快了，小心别把小朋友摔下来。你们要是身体不舒服，赶紧找医生来治，别折腾成大毛病，把小朋友们弄伤了。”转马和奔马都严肃地点头答应。

游乐园里的玩具们都表演了精彩的节目欢送木马，电动鸭子扭啊扭的，木头长颈鹿讲了动听的故事……妮妮也唱了好几首儿歌。

天色已经完全黑了，围墙和大树都变成黑乎乎的一团了。木马说：“到时候了，我该走了。朋友们，再见了！”于是木马摇摇晃晃地从游乐园的大门走出去，一点点消失在夜色中。

第二天，妮妮一早就去了游乐园。不过有好多小朋友比她更早，他们都围着转马和奔马，七嘴八舌地说：“看，这是新来的，可真漂亮啊！”

不一会儿，有个小朋友突然叫起来：“哎呀，木马呢？怎么不见了木马？”

大家都很吃惊，最喜欢的木马上哪里去了？只有妮妮知道这个答案。

潮妈奶爸心语

宝宝，游乐园里有那么多好玩的玩具，你想象一下，它们开欢送会是什么样子的呢？

第34~35天　好玩的树叶贴画

妈妈和宝宝的变化

这个时候的胚胎非常小，只有3毫米左右的长度。有一天，又深又窄的沟会一直延伸到整个胚胎，很快这条沟就会变得很深，最终形成一个有胚胎长度的管。

夏天过去，秋天来临，树叶会一片片飘落下来。这些不同种类、不同形状、不同颜色的叶子可以用来做什么呢？孕妈妈们可以捡点美丽的落叶，最大限度地发挥想象，将这些叶子制作成一幅幅创意树叶贴画。

看这三幅栩栩如生的树叶贴画，你也可以给宝宝做小熊猫、猴子等。

第6周　长出胳膊和腿的小芽儿

我在妈妈的肚子里飞速地成长着，现在已经有了大脑，头部也开始形成，尽管现在我还不能够听不能够看，但是我可以感受到妈妈愉快的心情，妈妈放松的心情也会让我的情绪很安静。

第36天　动手来玩七巧板

妈妈和宝宝的变化

胚胎现在已经有14对椎节，这是形成胎儿肌肉骨骼体系的基础，如果你现在仍然没有什么感觉，你可能会开始努力寻找自己的怀孕征兆了。

孕妈妈可以开始玩七巧板了，七巧板有种让人欲罢不能的魔力哟！

七巧板是由七块形状不同的板组成的，而这七块板可以拼成很多图形（1600种以上）！拼出的图形除了比较规矩的三角形、平行四边形之外，还可以拼成各种人物、动物、桥、房子、塔等。

七巧板又被称为“智慧板”，孕妈妈在玩七巧板的过程中，能充分发挥大脑的思维能力和想象力，拼出各种图案，从而让胎宝宝正在成长中的大脑得到锻炼。

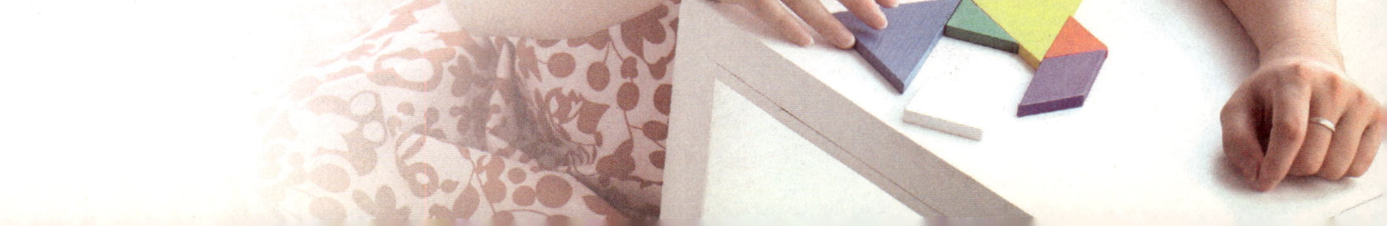

第37~38天 情绪胎教：惠养胎宝宝的心灵操

妈妈和宝宝的变化

这个时候的胚胎几乎是完全透明的，从你身体的外部还看不到任何怀孕的征兆，但是身体内部已经有了很多变化。

在整个孕程中，孕妈妈可以早晚各练习冥想一次，对情绪和身体都有好处。

第一步：仰卧在床上，微微闭上双眼，暗示自己全身放松。

第二步：对自己轻轻地说："我内心非常宁静舒适——我的心已经到了一片广阔的天地——沐浴着温暖的阳光和清新的空气——我感到非常舒适惬意——景色很美，我的眼睛被多姿多彩所充满——我很快乐，感到心旷神怡——感觉到内心的喜悦——真是太好了。"

在做心理暗示时，眼睛要轻轻闭上，发挥想象力想着自己所说的一切。

第三步：继续暗示自己："我听到了远处有孩子在'咯咯'地欢笑，我也情不自禁地笑起来了——我的内心也微微地笑了——今天是美好的一天。"

暗示时全身心放松，仔细体会，领悟自己内心的一切细微感受。

第四步：慢慢睁开眼睛，起身下床，保持自己内心的微笑，去做该做的事情。

第39~40天 营养胎教：柠檬姜汁解孕吐

妈妈和宝宝的变化

晨吐是怀孕过程中最常见也最不受欢迎的症状，不过很遗憾，目前还没有能够完全治疗晨吐的方法，可以通过少食多餐、吃清淡食物的方法来缓解。

孕妈妈到了这时，恶心、厌食、挑食、呕吐、乏力等早孕反应会越来越明显。有不少孕妈妈会没有胃口，吐得浑身乏力，日渐消瘦。这时候就需要准爸爸来献爱心了。

柠檬姜汁

材料 生姜1片、黄瓜半根、柠檬半个。

调料 蜂蜜适量。

做法

1. 柠檬去皮，切小块；黄瓜洗净，切小条；将切好的柠檬和黄瓜一起放入榨汁机中榨汁备用。
2. 将姜片、柠檬黄瓜汁和一勺蜂蜜混合在一起，用温水冲调后即可服用。

第41~42天 有趣故事会:《海鸥姑娘》

妈妈和宝宝的变化

你可能会开始注意到自己的体形变化，乳房的尺寸显著增加了。胎宝宝重要的器官之一——心脏开始快速发育，并形成血液循环。

小海鸥长得很漂亮，又超级臭美。每天早上，她都扑棱着翅膀在大海上飞来飞去。大海就是小海鸥的大镜子，每天她都会对着大海精心梳洗打扮。

小海鸥对着大海这面镜子仔细地瞧啊瞧，梳洗一下羽毛，在空中扭来扭去地飞舞，认为天底下就自己最漂亮了，谁也比不上她。

小海鸥成天只顾着梳洗打扮，根本没想过要去捕捞食物。这会儿肚子饿了，看见岸边的石头上晾晒着一些鱼虾，小海鸥一头冲过去就要吃。突然，海燕气势汹汹地冲过来：“又懒又臭美的家伙，那是我们捕的鱼虾，你不许碰！”

岸边一群海燕和雨燕都在忙忙碌碌的，海燕在捕捞鱼虾，雨燕在忙着造窝。他们边忙边在那里叽叽喳喳，话越说越难听。雨燕说：“懒死了，这样的家伙，没人会喜欢。”海燕撇撇嘴：“想吃就自己去捞啊，成天照镜子，照来照去的，能照出吃的吗？”

小海鸥听到这些话，飞到很远的岸边，坐在礁石上放声哭起来。这哭泣的样子映照在海面上难看死了，可是她忍不住。

大海妈妈对小海鸥说：“只有勤劳的人才会美，劳动是最可贵的美德。你应该去跟他们一起劳动。”

小海鸥抹着眼泪点点头。从此以后，辛勤劳动的队伍里又多了一抹漂亮的身影，那就是忙碌的小海鸥。

潮妈奶爸心语

宝宝你要记住，勤劳的人最漂亮，最讨人喜欢。小海鸥好吃懒做的时候，没人喜欢她。等到她辛勤劳动之后，大家就都喜欢她了。

第7周 脑垂体开始发育

我在这周脑垂体开始发育了，我也变得越来越聪明了。现在我也就有豌豆那么大，但是我长了一个特别大的头，我现在会让妈妈感觉很不舒服，所以这段时间妈妈一定要注意调整好情绪，补充营养哦！

第43天 适合孕妈妈的运动

妈妈和宝宝的变化

胎宝宝的脊柱开始发育并呈现明显的弯曲，此时的胎宝宝正在完善骨骼肌肉系统，你可能会花很多时间在镜子面前，试图发现突起的小腹，不过这可能需要几周的时间才能够明显看到。

孕妈妈的运动以轻柔和缓为主，比如散步、瑜伽的某些动作、太极、柔软体操等。在选择运动时，要注意运动强度，以不出汗或轻微出汗为宜。要特别注意的是，运动姿势绝对不能造成腹部的牵拉。

孕妈妈在运动中的一个大忌是疲劳，孕妇千万不能过度疲劳，也不要运动到身体过热，也就是说孕妇不宜做过多出汗的运动。对于孕妇来说，以不累、轻松、舒适为运动限度。

在运动期间一定要多喝水，但不要只喝白开水，最好补充一些果汁等。可乐以及运动饮料都不适合孕妈妈。

第 44~45 天　动脑游戏：快来玩数独

妈妈和宝宝的变化

宝宝的眼睛可以辨认出来了，不过也只是依稀可见，现在你要试着改变生活方式了。

孕妈妈爱动脑筋，胎宝宝也会变得思维活跃。很多游戏都可以锻炼头脑，比如猜谜游戏、填字游戏、魔方、数独游戏、做手工等，很好玩，不动脑子又玩不好。孕妈妈要尝试一下呀！

数独游戏

你可能不知道，数独的前身是中国的“九宫图”，“九宫图”在《洛书》和《易经》当中都有记载。现代的数独起源于瑞士，并经过美国人和日本人的改进。数独风靡全世界，现在有很多专门的数独俱乐部、数独论坛，参加人数众多。很多研究者都认为数独是开发智力最好的方式之一，因此，孕妈妈快来试试吧！

数独怎么玩

1. 数独游戏在 9×9 的方格内进行，这 81 个小方格被分为 9 个 3×3 的方格，被称为“区”。

2. 在这些区中，有一些已经被填上了数字，这些已经填好的数字可以被称为数独的“谜面”，需要填的是余下的空格。

3. 每个空格只填 1 个数字。到最后要保证这 9×9 的方格中的每个区、每一列、每一行都是 1~9 这 9 个数字，不能重复，即保证每个数字在每一行、每一列和每个区中仅出现一次。

4	7		6	8		3		
8			4					1
	1		7			4	5	
3	8			2			4	
		2			6	8		
	9			7	4		3	6
	3	8			5		6	
9					7			3
		7		4	8		2	5

4	7	5	6	8	1	3	9	2
8	2	9	4	5	3	6	7	1
6	1	3	7	9	2	4	5	8
3	8	6	1	2	9	5	4	7
7	4	2	5	3	6	8	1	9
5	9	1	8	7	4	2	3	6
2	3	8	9	1	5	7	6	4
9	5	4	2	6	7	1	8	3
1	6	7	3	4	8	9	2	5

第46~47天 有趣故事会:《小烟囱的故事》

妈妈和宝宝的变化

在未来将会形成手臂和腿的雏形开始发育，随着胎宝宝身体的不断发育，可以很快在超声波扫描中看见微小的胎动。

在茫茫无际的原野上，矗立着一栋小小的房子，房顶上有一根高高立起的小烟囱。每当小房子里生火的时候，烟囱便冒出一缕缕青烟。

冬天到了，鹅毛大雪将整个原野盖住了。狂妄的北风也赶来了，在原野上狠命嘶吼、呼啸。它把枯枝折断，又抱起雪花，到处挥舞。它在小房子周围奔跑呼啸，狠命拍打门窗，高声吼叫："我是凶狠的北风，谁都害怕我！"

但是，房顶上的小烟囱却不在乎它，依旧傲然挺立，一缕缕青烟从烟囱里冒出来。

北风气坏了，对小烟囱说："你有什么好神气的？屋子里的老头儿和小狗正舒舒服服地躺在壁炉前烤火取暖呢！你自个儿在外面挨饿受冻。我看你干脆还是老老实实地向我投降好了。"

小烟囱没理它，依旧冒出一缕缕青烟。

北风气坏了，拼命摇晃它，对它又推又搡的，还用雪团砸它，可是小烟囱依旧傲然挺立。最后，北风也没辙了，瘫坐在小烟囱身边说："我很佩服你，不过我想知道，你为什么能够这么顽强地站在这里？"

小烟囱笑一笑说："就因为我顽强地站在这里，屋子里的老爷爷和小狗才能舒服地躺在壁炉前烤火。"

潮妈奶爸心语

小烟囱多了不起，为了能够让老爷爷和小狗舒服地取暖，顽强地和北风做斗争，我们要向小烟囱学习啊！

第48~49天 音乐胎教：唱儿歌给宝宝听

妈妈和宝宝的变化

胎宝宝的眼睛开始成为浅浅的凹陷，分别位于不断发育的脸庞两侧，这个时候，你可能会感觉到自己经常去厕所。

孕妈妈唱儿歌时，声音要轻柔，语调要天真，节奏要欢快。一开始胎宝宝可能没有什么反应，但是等他慢慢习惯了妈妈的声音之后，就会很开心，还会用蠕动来回应妈妈呢！

乖宝宝	大树妈妈	雪花
乖宝宝，好宝宝， 妈妈最爱是宝宝； 乖宝宝，好宝宝， 爸爸最爱是宝宝； 乖宝宝，好宝宝， 宝宝最爱是妈妈； 乖宝宝，好宝宝， 宝宝最爱是爸爸。	大树妈妈个儿高， 托着摇篮唱歌谣， 摇啊摇，摇啊摇， 摇篮里的小鸟睡着了。 大树妈妈个儿高， 对着小鸟呵呵笑， 风来了，雨来了， 绿色的雨伞撑开了。	千朵花万朵花， 开在蓝天下， 飘飘飘洒洒洒， 飞向大地妈妈， 温暖着地下的， 许多嫩嫩春芽， 为孩子带来了， 无数冬的童话。
月亮和星星	**小鸭子**	**堆雪人**
月亮月亮是妈妈， 星星星星是娃娃。 月亮嘴巴笑一笑， 星星眼睛眨一眨。 月亮好，好妈妈， 星星好，好娃娃。	小鸭子，呱呱呱， 不爱吃米爱吃虾； 河里游，就数它， 一到岸上就找妈。	堆呀堆，堆雪人， 圆圆脸儿胖墩墩。 大雪人，真神气， 站在院里笑眯眯。 不怕冷，不怕冻， 我们一起做游戏。

第8周 能在羊水中活动了

我现在可以在羊水中活动了，而且我的心跳开始正常。尽管现在我还只能被称为胚胎，但是我已经有了舌头和鼻孔哦！

第50天 树式瑜伽做起来

妈妈和宝宝的变化

胚胎的卵黄囊在萎缩，功能渐渐被胎盘所取代，随着胎宝宝外形的改变，你可能开始担心自己的体重是否超标。

树式变形式

步骤

1. 站立，弯曲右膝，脚掌抵住左膝关节内侧。

2. 吸气，左臂向左上方伸展，指尖指向天花板，右手轻放在右膝上。

3. 保持呼吸3次，目视前方，脊背挺直。

4. 换另一侧重复此动作。

第51~52天 动脑游戏：玩魔方

妈妈和宝宝的变化

胎宝宝现在看起来还不具备人类的外形，上唇还没有发育完全，嘴显得很宽，两眼间距很宽，大脑结构还很简单，却在发生明显的变化。

今天我们再来讲讲可以作为孕妈妈胎教工具的魔方。这种神奇的六面体能够考验你的逻辑思维能力，挑战你的空间思维能力。对孕妈妈来说，最重要的是它可以活动手指，孕妈妈勤动手是对胎宝宝大脑最好的刺激。

魔方的发明

魔方是匈牙利的一位叫鲁比克的教授于1974年发明的，他当时在布达佩斯建筑学院担任建筑学和雕塑学教授。他发明魔方并不是为了娱乐或者赚钱，而是为了帮助他的学生认识空间立方体的组成、结构，以及锻炼学生的空间思维能力和记忆力。

魔方的玩法

复原一面魔方比较容易，而使打乱的六个面颜色完全复原，则需要很多技巧。一般说来，中心积木只有一种颜色，棱上的积木有三种颜色，骨架上的中心积木是不能动的，所以中心积木的相对位置是确定不变的，角上棱上积木的正确位置也是不变的。如红黄蓝色的角积木，正确位置就在红黄蓝中心积木对应面的角上，我们就要将棱积木、角积木转到相应的位置上。玩魔方时，要先完成一面，再以此为基础调整其他面。

现在的魔方玩家还创造了很多新的玩法，比如单手拧、盲拧等，如果孕妈妈愿意，可以试一下。

第53~54天 古诗欣赏：《采莲曲》《小池》

妈妈和宝宝的变化

现在胎宝宝的面部特征开始发育，在接下来的几周时间会更加清晰。胎宝宝耳朵的雏形刚刚可以看见，颈部开始伸展，逐渐从胸腔分离。

今天我们来欣赏两位唐代诗人的作品，这两首诗都描写了荷，一个是莲花盛开，采莲美景；一个是初夏的荷叶、泉水、蜻蜓，都美不胜收。

采莲曲 王昌龄

荷叶罗裙一色裁，芙蓉向脸两边开。
乱入池中看不见，闻歌始觉有人来。

这首诗描写了江南采莲少女欢快美丽的劳动场景。采莲少女的绿罗裙与田田荷叶融为一体；少女的脸庞掩映在盛开的荷花间，相互映照。虽在莲池中，却看不见她们的踪影，听到歌声，才感觉到她们的存在。

小池 杨万里

泉眼无声惜细流，树阴照水爱晴柔。
小荷才露尖尖角，早有蜻蜓立上头。

泉眼很爱惜地让泉水悄然流出，映在水上的树荫喜欢这晴天风光的柔和。鲜嫩的荷叶那尖尖的角刚露出水面，就已经有蜻蜓落在它的上头。这首诗展现了初夏的荷叶、泉水、蜻蜓等美丽景色，让人向往。

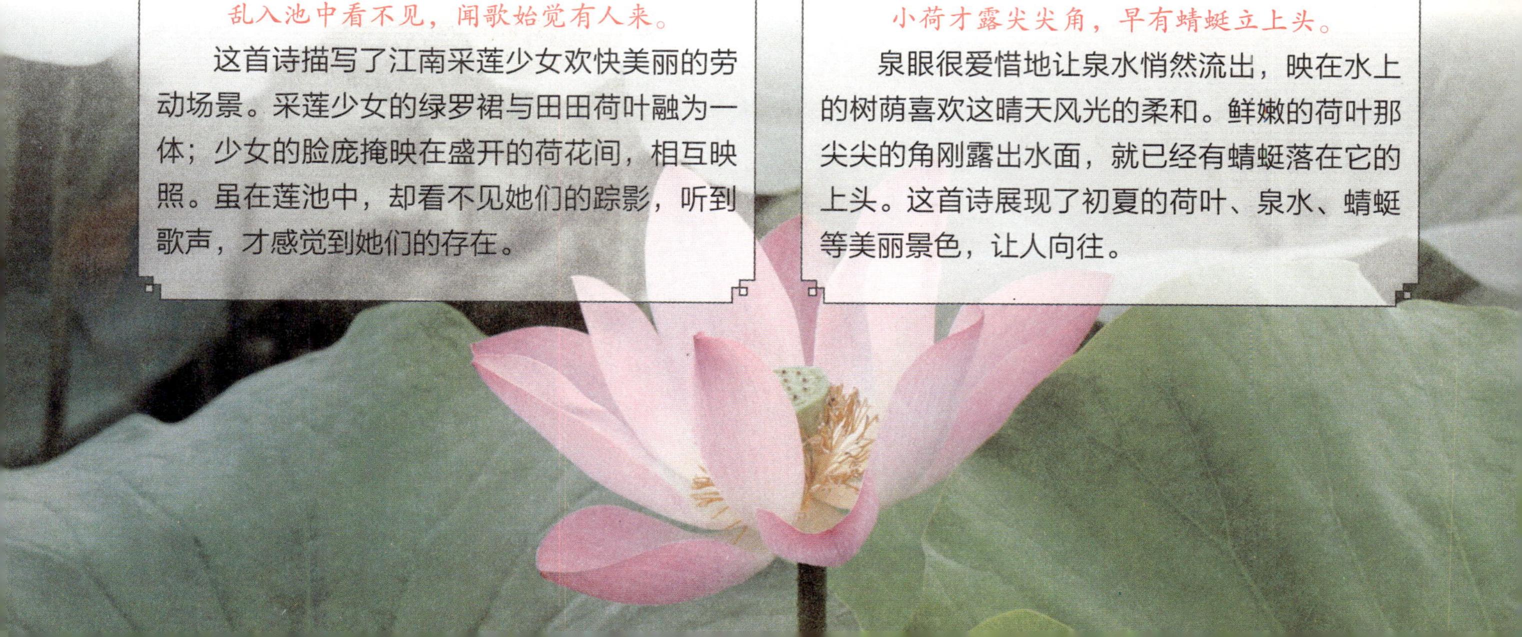

第55~56天 有趣故事会：《爱笑的小花》

妈妈和宝宝的变化

卵黄囊的体积开始慢慢减小，而胎盘在逐渐成熟。此时，胎宝宝的头部相比其他部分还是明显很大。你可能在猜想宝宝的性别，但是现在胎宝宝的性别特征还不明显。

天天家楼下有一个小花坛，花坛里有各种各样的花儿，五彩缤纷、鲜艳夺目。天天每天上学时都会和小花们打招呼，每天放学时也会亲切地冲它们笑。

一天，外公带天天去公园玩。

公园里有朵花，真好看，比楼下小花坛的好看很多倍，看见小天天，笑眯眯的。

天天问花儿：“你叫什么名字？”

花儿只是笑，不说话。

天天伸出小手，要采这朵花。

外公摆摆手说：“天天别采！你不采它，花儿总是对你笑，你一采下来，花儿就哭了。”

天天不想看到花儿对他哭，天天没有采。

这时，小花笑得更可爱了。它成了天天的好朋友。

天天回家以后，告诉外婆：“公园里有朵花，很乖很乖，对我一直笑，一直笑。”

外婆说：“天天也很乖，你也是一朵爱笑的小花。”

潮妈奶爸心语

天天爱护小花，让小花能够一直笑，宝宝也要做一个爱护小花的好孩子，让漂亮的小花一直笑，好不好？

孕3月

一副小人儿的模样

第9周 在水中自由舞动

现在的我已经初具人形了，而且我的活动也更加自如，我就像一条小金鱼一样游来游去，只是现在的我还很小，妈妈还不能够感觉到我的活动。但是我还是喜欢听妈妈给我讲故事、唱歌，这让我很舒服。

第57天 营养胎教：低盐的肉末蒸蛋

妈妈和宝宝的变化

这个时期胎盘的大小已经超过了胎儿，很多孕妈妈在这个时期对于食物的喜好发生了改变。

肉末蒸蛋

原料 鸡蛋3个、猪肉50克。

调料 植物油、葱末、淀粉、盐各适量。

做法

1. 将鸡蛋打入碗内搅散，放入盐和适量清水，搅匀，上笼蒸熟。
2. 选用三成肥、七成瘦的猪肉，洗净，剁成末。
3. 锅内放入油烧热，放入肉末，炒至松散出油时，加入葱末、少许盐及适量水、淀粉，翻炒均匀后浇在蒸好的鸡蛋上面即可。

第58~59天　动脑游戏：门萨测试

妈妈和宝宝的变化

胎宝宝的手和脚在慢慢发育，独特的面部特征也开始成形了。因为激素反应造成的恶心、呕吐现在可能还会持续几周时间，但是不用担心，这些终将会过去的。

门萨是世界顶级智商俱乐部的名称，于1946年成立于英国。门萨现有会员十余万，是世界上最好的智商俱乐部。进入门萨只有一个条件，就是高智商。门萨的测试题由门萨的专家和会员共同制定，是世界上非常权威的测试题。门萨的入门试卷共有30道题目，答对23道，证明智商达到148，可以进入俱乐部。全世界参加测试的人大约只有2%能够通过门萨的测试。

题目

1. 有两位盲人，他们各自买了两双黑袜和两双白袜，八双袜子的布质、大小完全相同，而每双袜子都由一张商标纸连着。两位盲人不小心将八双袜子混在一起。请问他们每人怎样才能取回黑袜和白袜各两双呢？

2. 两个圆环，半径分别是1和2，小圆在大圆内部绕大圆圆周一周，问小圆自身转了几周？如果在大圆的外部，小圆自身转几周呢？

3. 一瓶汽水1元钱，喝完后两个空瓶换一瓶汽水，问：你有20元钱，最多可以喝到几瓶汽水？

答案

1. 每双袜子都拆开，每人各拿一只，袜子无左右，最后取回黑袜和白袜各两双。

2. 小圆、大圆经历的距离相等。无论内外，小圆都是转两周。

3. 39瓶，从第2瓶开始，相当于1元买2瓶。

第60~61天 有趣故事会:《小兔过桥》

妈妈和宝宝的变化

这个时期可以清楚看到胎宝宝的手了，但是手指仍然融合在一起。胎宝宝的消化系统迅速发育，不过在一段时间内还不会有正常的生理功能。

小兔家与舅舅家之间有一座小竹桥，以前去舅舅家时都是妈妈背着小兔过桥。

可是现在，小兔长大了。一天，小兔跟妈妈说:“妈妈，我要去舅舅家，这次我自己去。”妈妈很高兴，小兔能独立做事情。于是，妈妈给小兔带着些胡萝卜，就送小兔出门了。“妈妈，再见！”

小兔蹦蹦又跳跳，不知不觉就来到了小桥边。小兔走上小桥后就站着不动了，因为小竹桥左晃晃右晃晃，底下河水还在哗啦啦地淌。怎么办？小兔好害怕。

这时，桥边来了小蚂蚱，跳了几下就从桥上过去了。停在桥那边，对着小兔喊:“小兔子，胆子小，站在桥上走不了。”小兔一听更急了。可是，河水也开始哈哈笑:“小兔子，胆子小，站在桥上走不了。”小兔本来就害怕，一听之后就哭了。“妈妈，妈妈，我害怕。”可是，妈妈在家太远了，听不到小兔的哭喊。

但是鱼妈妈听见了，她从水里钻出来，对小兔说:“乖孩子，勇敢点。抬头挺胸直起腰，直视前方大步走，两步三步就过去了。”于是，小兔抬头挺胸直起了腰，直视前方迈开了大步。果然，三步两步就过去了。

过去后，小兔转身跟鱼妈妈说:“谢谢您，以后我会做个勇敢的孩子。”

潮妈奶爸心语

亲爱的宝宝，每个人都会像小兔一样有害怕的时候，当害怕的时候，你要坚强起来，勇敢地面对。爸爸妈妈相信，你一定是一个勇敢的孩子。

第62~63天 音乐胎教：欣赏京剧

妈妈和宝宝的变化

胎宝宝手指慢慢变得明显，肘关节可以做一些小的动作，骨骼开始发育。你可能总是在想怀孕的事情，试着和自己的丈夫好好谈谈，学会互相支持。

京剧是中国的国粹，孕妈妈可以时常听点京剧或将京剧的经典片段哼唱给宝宝听，让宝宝感受京剧的魅力。

京剧的脸谱来源于面具，是写意和夸张的艺术，常用蝙蝠、燕翼、蝶翅等作为图案勾画眉眼和面颊，结合夸张的鼻窝、嘴窝等来刻画人物面部的表情。一般来说，开朗乐观的脸谱总是舒眉展眼的，而悲伤或是暴虐的脸谱总是曲眉合目的。

京剧流播全国，影响甚广，被称为“国剧”。京剧走遍世界各地，也是介绍、传播中国传统文化的重要手段。

第10周　正式成为“胎儿”

我现在可以正式被称为“胎儿”了，此时我身体的各部分已经初步形成，神经系统也开始有反应。现在，我已经准备好开始努力去感知外面的世界了，还可以做出一些反应呢！

第64天　名画欣赏：《睡莲》

妈妈和宝宝的变化

这个时候胎宝宝大多数重要器官和系统都已经就绪。手和腿已经形成，并且有肘关节和腕关节。你现在首要考虑的是宝宝的健康问题，不管你的感觉如何，他都会从你体内获得必需的营养。

莫奈的《睡莲》是印象派的代表作。作品的光线、色彩富有充沛的活力，色块看似随意，实际上是符合光影规律的，可以看出莫奈对光和色彩的专注远远超过对物体形象的关注，能让人体悟到光与自然的浑然一体。

第65~66天 听萌宝宝的童言童语

妈妈和宝宝的变化

胎宝宝开始弯曲手腕，膈肌正在慢慢发育，而且这个时候胎宝宝开始打嗝，这是将来产生呼吸的保证。

玉米的“头发”

一天，妈妈买了一些玉米给宝宝吃，宝宝边吃，边扯着玉米上的须须说：“妈妈，好多头发呀！”

逗得妈妈笑破肚皮了，宝宝真是有创意呀！

想妈妈

宝宝被送到外婆家住一个月，看着别的小朋友在喊妈妈，也想妈妈，喊姑姑妈妈，喊邻居阿姨也是妈妈，一天看电视，有喊娘的，就说要喊我为娘，喊外婆为妈妈！

强人所难

中午，外婆想睡觉，可是小锦却不睡，外婆气得打他的屁屁，可是他也不老实呀，一直喊着：“你干吗打我呀，你干吗打我呀！”

是呀，人家睡不着，外婆还要强迫人家！

不要让外婆看到了

晚上外婆带硕硕在外面玩时，已经吃过一根雪糕了，可是回到家后，硕硕又拉着外公的手，让外公再拿根雪糕给他吃，还偷偷地对外公说：“不要让外婆看到了，外婆不让我吃呀！”呵呵，从小就知道这样狡猾了！

什么是妈妈

妈妈问：“有一种动物，长着两只脚，每天早晨天刚亮，就会叫你起床，一直叫到你起床为止。这是只什么动物呢？”

玲玲答：“是妈妈。”

第 67~68 天　深呼吸有助胎教

妈妈和宝宝的变化

胎宝宝的面部特征越来越明显，眼睑已经覆盖住眼球，大腿和小腿骨骼进一步发育。你在怀孕之后，要时刻注意防止尿路感染。

胎教时，胎宝宝的接受程度和孕妈妈的用心程度有着密切的关系。孕妈妈如果心绪烦躁，胎教效果会大打折扣。因此，在进行胎教前，最好能将情绪和注意力集中起来。这两天，孕妈妈来学习一种能促进胎教效果的呼吸法吧？这种呼吸法能让你的心情平静。

呼吸前的准备：自由放松

呼吸前，要先进行放松活动。孕妈妈可以自由选择场所，床或沙发都可以，地板上也不错，只要你觉得腰背舒展就好。然后放松全身，微闭双目，手放在你觉得舒适的地方，如身旁或腹部。穿宽松的衣物或运动服能帮助放松身体。

深呼吸

一边用鼻子吸入长长的一口气，一边默数“1、2、3、4、5”（约 5 秒钟，你在吸气时感觉到不能再吸了就可以了，不一定非要 5 秒钟），吸气时要让自己感到气体被储存在腹中。

然后，慢慢地将气呼出来，嘴或鼻子都可以，关键是要缓慢、平静地呼出来，时间可以达到吸气时间的两倍。就这样反复呼吸几次，孕妈妈很快就能感觉心情平静、头脑清醒了。

第69~70天 有趣故事会:《小蛋壳的故事》

妈妈和宝宝的变化

胎宝宝的重要器官和系统已经完成了一个重要的发育阶段，胎盘已经完全地形成了，并且已经足够成熟，能够满足胎宝宝的各种需求，但是胎盘仍在生长。

“噼啪！”圆圆的蛋壳裂开了，一只毛茸茸的鸡宝宝钻了出来。鸡妈妈高高兴兴地带着鸡宝宝四处散步、晒太阳。呀，起风了，鸡妈妈赶紧张开大翅膀：“宝宝，快进来，这里最暖和。”鸡宝宝赶紧钻进妈妈温暖的翅膀里，这里就是它的新家了。

鸡妈妈和鸡宝宝都不记得小蛋壳了，小蛋壳觉得好孤单。它想：“现在鸡宝宝有新家了，没人跟我玩了。嗯，我也应该再去找一个新的宝宝，做它的新家。”于是小蛋壳滴溜溜滚出去了。

一只蜜蜂在嗡嗡采花蜜。“蜜蜂宝宝，让我来做你的新家吧？”“谢谢你，小蛋壳。我是蜜蜂阿姨，不是宝宝，我已经有家了，就是大树上那个圆圆的蜂巢。”

一只蚂蚁在搬米粒。“蚂蚁宝宝，让我来做你的新家吧？”“谢谢你，小蛋壳。我是蚂蚁姑姑，不是宝宝，我的家在泥地上，就是那个小洞穴。”

青蛙在水塘边呱呱叫。“青蛙宝宝，让我来做你的新家吧？”“谢谢你，小蛋壳。我是青蛙叔叔，不是宝宝。这口水塘就是我的家。”

一只蜗牛慢吞吞地爬过来。“蜗牛宝宝，让我来做你的新家吧？”“谢谢你，小蛋壳。我的家就在背上呢，你看。”

谁都不要小蛋壳，它很伤心。这时，一只小瓢虫飞过来。“哎呀，这里有个蛋壳，可以做摇篮！”小瓢虫于是搬来几片花瓣铺上，把瓢虫宝宝放进去。宝宝们在蛋壳摇篮里舒服地躺着，多软，多暖和啊？瓢虫妈妈唱起摇篮曲，宝宝们很快就睡着了。小蛋壳听着摇篮曲，也开心地睡着啦！

潮妈奶爸心语

这是一个关于家的故事。鸡宝宝破壳而出，妈妈的翅膀就是它的新家。小蛋壳一路上遇见各种各样的动物，每一只动物都有自己的家。宝宝的家就在这里，有爸爸妈妈的地方就是宝宝的家。

第11周 在妈妈肚子里不停活动

我现在又有了新的本领了，可以在妈妈的子宫里做吸吮、吞咽和踢腿的动作，我的心脏也开始工作了，向所有器官供血，现在我已经做好了学习的准备，和妈妈一起了解外面的美好世界。

第71天 手工胎教：十字绣

妈妈和宝宝的变化

胎宝宝的人类特征更加明显，在羊膜腔内，胎宝宝很活跃，会踢腿、吞咽，但是这个时候你还不能够觉察到这些。

孕妈妈手指上的神经会对宝宝脑部产生一定的刺激作用。孕妈妈多动动自己的手指，胎宝宝的脑部会变得更加发达。

可以进行的手工有很多，如折纸、陶艺、缝纫和编织等，最受欢迎的当属取材简单、费用低廉的十字绣了。做十字绣能让孕妈妈的心情很快平静下来，也能帮助提高注意力。孕妈妈在孕期多接触些美丽的颜色和形状，生出来的宝宝也会有比较高的审美能力。

孕妈妈在做十字绣时，还可以跟胎宝宝聊聊天，可以说一说正在为胎宝宝绣的东西，如枕头、围兜或儿童被等，也可以说说对某种颜色的喜好，充分调动胎宝宝的积极性。

第72~73天　轻松益智的脑筋急转弯

妈妈和宝宝的变化

胎宝宝的头几乎占身长的一半，四肢相对短小，激素正在影响胎儿的发育，同时卵巢或睾丸正在形成，你可能会觉得骨盆区稍微有些不适，这是身体适应增大的子宫的正常反应。

叮咚……准爸爸的时间到啦！除了要负责孕妈妈的饮食，准爸爸还要肩负起让孕妈妈快乐的重任。今天，给孕妈妈和胎宝宝出些脑筋急转弯的题目吧，让大脑快速转动起来。

题目

1. 蜘蛛侠和超人有什么不同?
2. 世界上的夫妻都有的一个共同点是什么?
3. 有一个问题，不论你问到任何人，答案都是“没有”，请问那是什么?
4. 什么池里没有水?
5. 大灰狼拖走了羊妈妈，小羊为什么也不声不响地跟了去?
6. 哪一种竹子不长在土里?
7. 风的孩子叫什么?
8. 鸭子会飞，煮熟的鸭子都会飞掉，有什么办法让煮熟的鸭子飞不掉呢?
9. 一个人丢了头毛驴却不去寻找，只是不停地喊“谢天谢地，谢天谢地……”，为什么?
10. 什么河里没有鱼呢?
11. 医治晕车最好的办法是什么?
12. 为什么大三的女生都很富有啊?
13. 三个人一起下田，其中一个人却老站在那里不动手，为什么?

答案

1.一个是内裤外穿，一个是外裤内穿　2.都是同年同月同日结婚的　3.你睡了没　4.电池　5.因为小羊还没有出生　6.爆竹　7.水起，因为“风生水起”　8.给煮熟的鸭子插上翅膀，因为“插翅难飞”　9.他想：还好自己没坐在上面，要不然连自己也丢了　10.银河　11.走路　12.女大三抱金砖　13.稻草人

潮妈奶爸心语

宝宝你看，驴子多聪明，在面对大灰狼的时候一点不害怕，想出这样的好主意，惩治了坏蛋，救了自己。

第74~75天　有趣故事会:《聪明的小毛驴》

妈妈和宝宝的变化

胎宝宝的视觉、听觉和味觉器官迅速发育,而且可以开始灵活活动了。胎宝宝的耳朵和眼睛现在可以通过超声波清楚看到了。

从前有一头勤勤恳恳的驴子,它的主人没日没夜地鞭打它,逼它干活,致使它的脚跛了,身上满是伤疤,再也没力气干活。

主人于是拿起一根大木棒,把它撵到荒野上。驴子又冷又饿,正在为自己的命运伤心的时候,一只大灰狼带着狐狸和豺狼来到他面前。

大灰狼张开血盆大口,笑哈哈地说:"我们今天运气真好,这可真是到嘴的肥肉啊!"狐狸和豺狼也在旁边激动得上蹿下跳。

驴子说:"唉,我被主人赶到荒野里。我倒不介意让你们饱餐一顿,但是我身上除了皮就是骨头,怕硌了你们的牙。不如这样吧,等到明年夏天,我把自己喂肥一点,你们吃起来也方便。"

狐狸对此表示反对,它担心还没等到明年夏天驴子就跑得无影无踪了。驴子马上说:"不用担心。你看我,脚都跛了,身体这么虚弱,能够跑到哪里去呢?"

听到毛驴的话,看看它瘦骨嶙峋的样子,大灰狼也觉得该等它养肥了再吃,于是带着狐狸和豺狼走了。

冬去春来,地上长出了葱茏的小草。驴子经过一个冬天和春天的休息,身体逐渐恢复,受伤的脚也灵便了。到夏天时,驴子已完全康复了,浑身的皮毛闪闪发光,腿脚矫健。

这天,大灰狼带着狐狸和豺狼来吃驴子了。驴子说:"你们要吃我,还是舒服点吃。我现在身体壮了,力气又大,要是你们咬我,我就会反抗。不如这样,你们用一根长绳子,一头套在自己脖子上,将另一头拴在我腰里。你们一起使劲,我就没办法反抗了。"

豺狼于是找来一条绳子,照着驴子的话做了。绳子刚拴上,驴子便发足狂奔,将这三个坏蛋给拖死了。

此后,驴子就在荒野上自由自在地生活。

第76~77天 教胎宝宝认字

妈妈和宝宝的变化

胎宝宝的四肢在不断发育，并且具备了活动的能力。胎宝宝的眼睛更加接近于在面部的正常位置，颈部也在继续延伸。你需要更加关注牙龈和牙齿健康，刷牙要彻底。

今天，孕妈妈来教胎宝宝认汉字吧！

做几张识字卡片吧

找点硬纸，剪成适当大小的卡片，在上面写上“人、口、手、鼻、耳、眼”。孕妈妈在写的时候可以用不同颜色的彩笔，漂亮的颜色更能引起胎宝宝的注意，也能加深对色彩的认知。

开始教宝宝认字

在脑海中一遍遍描摹这些字的写法，然后大声地朗读出来。孕妈妈可指着自己的耳朵说：“宝宝，这就是‘耳’，你的耳朵在哪里呢？让妈妈来摸摸吧！”这样能让胎宝宝更积极地参与到这有趣的学习过程中来。

第12周 手舞足蹈的小可爱

我的器官和大脑在快速地发育着，我也更加善解人意了，尽管现在我的身长还不足妈妈的手掌大，但是我的运动能力却很强，一会儿踢踢腿，一会儿伸伸胳膊。现在我越来越聪明了，妈妈赶紧让我多学习吧！

第78天 《三字经》节选

妈妈和宝宝的变化

脐带已经成熟，保证来自血液中的重要营养可以输送给胎宝宝，四肢充分发育。你的子宫开始升高，离开骨性盆腔。

人之初，性本善。性相近，习相远。

释义：人生下来的时候都是善良的，只是由于成长过程中，后天的学习环境不一样，性情也就有了好与坏的差别。

苟不教，性乃迁。教之道，贵以专。

释义：如果从小不好好教育，善良的本性就会变坏。为了使人不变坏，最重要的方法就是专心致志地去教育孩子。

昔孟母，择邻处。子不学，断机杼。

释义：战国时，孟子的母亲曾三次搬家，是为了使孟子有个好的学习环境。一次孟子逃学，孟母就割断织机的布来教子。

玉不琢，不成器。人不学，不知义。

释义：玉不打磨雕刻，就不会成为精美的器物；人若是不学习，就不懂得礼仪，不能成才。

第79~80天　美育胎教：给宝宝画几幅画

妈妈和宝宝的变化

这个时候你可以到医院进行一次超声波扫描，这是了解胎宝宝发育状况和对其进行全面检查的好机会。

孕妈妈画画也是一种良好的美育胎教。孕妈妈在画画时，颜色和图案会对大脑产生良性刺激；同时，胎宝宝也能得到好的艺术启迪。

不要担心画得不好

有的孕妈妈以前没画过画，担心自己画不好，这种担心是不必要的。因为孕妈妈画得好不好是次要的，关键是学画的过程，孕妈妈一直在动手动脑，这就会影响到胎宝宝。

画什么要跟宝宝说

孕妈妈在画的过程中，要不断地跟胎宝宝交流，告诉他你在用什么颜色，在画什么，是什么形状的等，这样更能增强亲子间的互动。

来画张宝宝的画吧

孕妈妈看到了B超中宝宝的可爱模样，是不是很想将宝宝的模样画下来呢？孕妈妈可以自己给宝宝设计动作，画出来天天对着他说说话。

第81~82天 营养胎教：燕麦南瓜粥

妈妈和宝宝的变化

胎宝宝的四肢发育更加健全，上下唇和手指都已经独立。由于激素的作用，你的皮肤可能会像青春期那样经常起痘。

即使闻到油烟味不像前几周那么恶心，孕妈妈也别再进厨房了，因为厨房是家里空气污染最严重的地方，而且有很多危险的器具，一不小心就会磕到碰到。所以，做饭的事就交给准爸爸吧！准爸爸做饭水平不行没关系，可以跟着我们学，保证令妈妈宝宝都满意。即使孕妈妈不做饭，也建议她们做做准备工作，参加家务活动，活动活动身心。

燕麦南瓜粥

原料 燕麦30克、大米50克、小南瓜1个。

调料 葱花、盐各适量。

做法

1. 南瓜洗净，削皮，去瓤，切小块；大米洗净，浸泡1小时。
2. 将大米放入锅中，加水，大火煮沸后转小火煮20分钟；然后放入南瓜块，再煮10分钟；最后加入燕麦，用小火再煮10分钟。
3. 出锅前加盐调味，再撒上葱花即可。

第83~84天 有趣故事会:《蘑菇桌》

妈妈和宝宝的变化

胎宝宝头颅前部的骨骼继续扩张，开始保护里面柔软的脑组织。如果你在爬楼梯的时候感觉到呼吸困难，不用担心，这是正常的妊娠反应。

刚刚下完一场雨，天空放晴了，小白兔高高兴兴地到树林里采野花。他蹦蹦跳跳地往前走，一边走一边四处看。突然，他发现大树下有一个大大的蘑菇，呀，那么大，就跟一张小圆桌一样，真好看啊！

小白兔心想，嗯，等我把野花采完了，我就到这个蘑菇桌上吃午饭，肯定特别棒。

小白兔前脚刚走，后面小松鼠也来了，他也看见了这个漂亮的大蘑菇。呀，在这蘑菇桌上吃饭，感觉一定特好。小松鼠想着也去采花了。

后来啊，小狐狸、小猴子和小刺猬都打这里经过，都看到了这张漂亮的蘑菇桌，大家都想一会儿在上面吃午饭呢！

等到中午，大家都来了，争着抢着要在这张蘑菇桌上吃饭，谁都不肯退让。“哼，反正我要在蘑菇桌上吃饭，你们爱争就争去吧！”小白兔一下子跳到蘑菇桌前，坐下来了。

看到这架势，小松鼠、小狐狸、小猴子也你推着我我推着你挤到蘑菇桌前坐下了。就剩下小刺猬挤不进去。他可火了，一下子跳上蘑菇桌，啪嗒几脚，把蘑菇桌踩烂了。

现在，谁都不用争了。

“唉，你们这些自私自利的孩子！”大树公公摇动着枝叶，不满地说。五个小伙伴都低下头，红了脸。

小白兔说：“是我们不对，要是我们挤一挤，小刺猬也就有地方坐了。”

小刺猬脸更红：“是我不对，我太霸道了，毁了蘑菇桌。”

“我也不对！”“是我的错！”另外几只小动物也纷纷道歉。

奇怪了，刚刚被踩烂的大蘑菇居然又一点点动起来，最后又拼成了一个特别大的蘑菇，跟刚才一模一样。

小伙伴们高兴极了，他们挤在蘑菇桌边一起享受他们的午饭呢！

潮妈奶爸心语

宝宝你看，蘑菇桌好，大家都想要，可是谁都没法独占，还是要同大家分享。如果像小刺猬那样，就谁都得不到了，多不合算呀！

孕4月

加强胎教的作用

第13周 手能握成小拳头

我现在的脖子已经完全成形，并且可以支撑头部进行运动，可以通过皮肤振动感受器来“听”外界的声音，手能握成小拳头了。妈妈可以让我多听一些舒缓的音乐，开发我的音乐潜能哦！

第85天 美育胎教：欣赏剪纸

妈妈和宝宝的变化

胎宝宝的手臂和腿已经完全形成，所有的关节也都已经形成，可以完成所有的动作。

今天，孕妈妈感受到胎宝宝在肚子中的活动了吗？按预产期推算，宝宝的生肖是什么呢？

看看可爱的生肖小动物，同时还能欣赏传统的剪纸艺术呢！

孕妈妈还可以多为胎宝宝描述一下自己和准爸爸的生肖，并让准爸爸为胎宝宝讲述各个生肖的有趣故事。

第 86 天　蒙学经典：《百家姓》

妈妈和宝宝的变化

胎宝宝此时漂浮在羊水中，羊膜腔是胎宝宝温暖的家，在出生之前，这里会保护他的安全，并免受感染。

今天，我们来读一读《百家姓》。《百家姓》与《三字经》《千字文》并称“三百千”，是我国古代启蒙教育的经典。孕妈妈读一下，找找自己的姓氏在哪里。每个姓氏都有一段有意思的来历，有兴趣的孕妈妈可以在网上查一查。

赵钱孙李	周吴郑王	熊纪舒屈	项祝董梁	宁仇栾暴	甘钭厉戎	欧殳沃利	蔚越夔隆
冯陈褚卫	蒋沈韩杨	杜阮蓝闵	席季麻强	祖武符刘	景詹束龙	师巩厍聂	晁勾敖融
朱秦尤许	何吕施张	贾路娄危	江童颜郭	叶幸司韶	郜黎蓟薄	冷訾辛阚	那简饶空
孔曹严华	金魏陶姜	梅盛林刁	钟徐丘骆	印宿白怀	蒲邰从鄂	曾毋沙乜	养鞠须丰
戚谢邹喻	柏水窦章	高夏蔡田	樊胡凌霍	索咸籍赖	卓蔺屠蒙	巢关蒯相	查后荆红
云苏潘葛	奚范彭郎	虞万支柯	昝管卢莫	池乔阴郁	胥能苍双	游竺权逯	盖益桓公
鲁韦昌马	苗凤花方	经房裘缪	干解应宗	闻莘党翟	谭贡劳逄	万俟司马	上官欧阳
俞任袁柳	丰鲍史唐	丁宣贲邓	郁单杭洪	姬申扶堵	冉宰郦雍	夏侯诸葛	闻人东方
费廉岑薛	雷贺倪汤	包诸左石	崔吉钮龚	郤璩桑桂	濮牛寿通	赫连皇甫	尉迟公羊
滕殷罗毕	郝邬安常	程嵇邢滑	裴陆荣翁	边扈燕冀	郏浦尚农	澹台公冶	宗政濮阳
乐于时傅	皮卞齐康	荀羊於惠	甄麹家封	温别庄晏	柴瞿阎充	淳于单于	太叔申屠
伍余元卜	顾孟平黄	芮羿储靳	汲邴糜松	慕连茹习	宦艾鱼容	公孙仲孙	轩辕令狐
和穆萧尹	姚邵湛汪	井段富巫	乌焦巴弓	向古易慎	戈廖庾终	钟离宇文	长孙慕容
祁毛禹狄	米贝明臧	牧隗山谷	车侯宓蓬	暨居衡步	都耿满弘	司徒司空	百家姓终
计伏成戴	谈宋茅庞	全郗班仰	秋仲伊宫	匡国文寇	广禄阙东		

第87天 给宝宝写首可爱的小诗

妈妈和宝宝的变化

宝宝的脚趾已经分离，而且长度相同，踝关节已经可以活动。为了适应胎宝宝的生长，你的子宫在不断增大。因此，你的骨盆处可能会有些疼痛。

写诗是很好的抒情方式。将你对胎宝宝的爱和期望用直接、简洁、美好的文字表达出来，就是一首可爱的小诗了。不用纠结于自己的文笔和诗歌的韵律，只要具有真实、自然的情感，就可以尽情地表达出来。如果写出有韵律的小诗，还可以自己哼唱出来，作为献给宝宝的一首童谣，宝宝一定会非常喜欢，因为它是全世界独一无二的礼物。

第88~89天 音乐胎教:《蓝色多瑙河》

妈妈和宝宝的变化

胎宝宝的眼睛已经离开了头部的侧面，脑部的全面发育让胎宝宝有了更多的反应和活动。你还无法察觉到胎宝宝的活动，但是仍然可以和他进行互动。

孕妈妈今天来欣赏优美动听的《蓝色多瑙河》吧，这是由“圆舞曲之王”约翰·施特劳斯创作的经典曲目。

这样听

在心情平静的时候带着胎宝宝来听这首曲子吧，还可以在头脑中勾勒出多瑙河湛蓝的河水、如画的风光，并将这种美的感受传递给胎宝宝。

约翰·施特劳斯和他的《蓝色多瑙河》

多瑙河是流经中欧的一条主要河流。这条河流对作曲家来讲，如同母亲一样亲切、熟悉。约翰·施特劳斯不知多少次泛舟多瑙河上，漫步在它的两岸。那湛蓝的河水、如画的风光、村民朴实的舞蹈、美丽动人的传说，使作曲家感到犹如身在母亲温暖的怀抱之中，经常流连忘返，不愿离去。在阅读好友格涅尔的诗篇《美丽的蓝色多瑙河》时，乐思如同奔腾的河水，激荡在他的心头，由此创作出了这首传世名曲。

关于这首曲子

《蓝色多瑙河》圆舞曲写于1867年，是约翰·施特劳斯创作的四百多首圆舞曲中最著名的一首，由五首小圆舞曲组成。序奏里，在小提琴描写水波荡漾的轻微震音的背景上，先由圆号演奏多瑙河的音乐主题。第二圆舞曲主题性格活泼，副题比较悠扬。第三圆舞曲主题跳跃性比较强，副题带有流动性的特点。第四圆舞曲主题充满幸福感，并富于歌唱性，副题旋转性比较强，情绪也比较热烈。第五圆舞曲有着欢快和热烈的气氛，然后是结束部分，这里再现了前面几个小圆舞曲的部分旋律，好似一种回顾，最后再把欢乐的情绪推到高潮时结束。

潮妈奶爸心语

大汽车因为帮助小动物们，得到赞扬和肯定，小动物们还把它擦得干干净净，所以大汽车发自内心感到高兴。宝宝，当你帮助别人得到赞扬之后，你就会明白这种高兴的感觉了。

第90~91天 有趣故事会:《快活的大汽车》

妈妈和宝宝的变化

胎宝宝大多数时候是蜷缩着身体的，双腿交叉，手放在脸前。你身体的激素变化正在趋于稳定，当它们稳定之后，你的恶心也就会消失了。

天还没大亮，大汽车就开始了自己的旅程。路上车辆很少，一辆小汽车迎面开过来，“嘀嘀”地按喇叭，大汽车赶紧让到一边去。小汽车飞快地向前开走，一股烟雾般的灰尘从车后腾起。

看到这情形，大汽车心里有点委屈。小汽车特别神气，车厢里有空调，冬暖夏凉，也只有珍贵动物才能坐进去，一般动物想都别想。而大汽车就是普通的公共汽车，大家想坐就可以坐上去。

大汽车正在想，突然听见“早上好”的声音，停下来一看，原来是袋鼠妈妈兜着孩子。袋鼠妈妈上车之后感激地说：“谢谢你，要不是你，我还得带着孩子走好远的路呢！”

听见袋鼠妈妈的感谢，大汽车心里很高兴。往前走了一段，一只断了腿的小白兔也想上车。小白兔坐上车，对大汽车说：“谢谢你，大汽车。如果不是你，我没法去看望外婆了。”

小白兔刚坐稳，大汽车又听见了喊叫：“等一下，我也想上车！”

大汽车找了好久，终于发现地上有一只小蚂蚁。小蚂蚁说：“谢谢你，大汽车，我想到小河边参加聚会，可我自己估计几年工夫都走不到那里呢！”

之后，小山羊、小鹿、小野鸡、青蛙、小松鼠、小刺猬等都坐上了车。他们的目的地都不一样，但大汽车还是挨个儿把他们送到了想去的地方。当最后一名乘客到站时，大汽车一点都不觉得疲累，之前的那点点委屈也早就不见了。

因为这一天大汽车太劳累，所以到家就呼呼大睡。等到第二天他醒过来，发现太阳都要爬上山顶了。他急了：“大家都还等着坐车呢！”

突然，大汽车有了重大发现：车窗上插着漂亮的鲜花，车子被擦得干干净净。大汽车正在疑惑，小鹿、小山羊、小松鼠等动物笑嘻嘻地从车下钻出来，对他说：“大汽车，你为了我们这样辛苦，我们也很高兴为你做点事情。”

第14周 骨头一点点硬实了

我的骨骼继续发育，骨头一点点变硬实，软骨开始形成。另外，我的胃内消化腺和口腔内唾液腺也会形成。我的脏器功能也在不断地锻炼和完善中，吞咽、排尿都很正常。

第92天 把汤姆猫当成宝宝来对话吧

妈妈和宝宝的变化

孕妈妈可能同时会拥有轻松、兴奋和担忧这几种感受，在这一时期，这属于正常现象。跟他说话，他会用有趣的声音重复你的话。

打它的头，它会装成被打的样子，连续打还会“咚”地一下倒地不起；抚摸肚子，它会打呼噜；打肚子，它会“咕噜咕噜”地装肚子疼；抓尾巴，它会生气；戳脚，它会抓着脚发出“唉哟唉哟”痛苦的声音。

点“牛奶”按键，它会喝一杯牛奶；点“交叉手”按键，它会“噗噗”放屁；点“锣形”按键，它会“啪啪”拍锣；点“猫爪”按键，它会用爪子在屏幕上抓出痕迹；点“小鸟”按键，它会吓走一只小鸟；点“蛋糕”按键，它会把蛋糕扔到屏幕上。

既然扮作胎宝宝的小汤姆能让你如此快乐，要对它好一点哦！每天一杯牛奶，不时抚摸抚摸，陪着聊聊天，它才会如同胎宝宝一样又乖又健康地成长。

第 93 天 知识胎教："喵星人"的神奇之处

妈妈和宝宝的变化

孕妈妈的腰围会增加，形体开始改变，但在几周之内还不会出现明显的腹部隆起。即使现在是发育的早期阶段，胎宝宝也已经开始产生尿液，虽然量会很小。

"喵星人"是将猫戏称为从遥远外太空的喵星球来到地球的外星人，利用很萌的外表骗取人类的信任，然后出其不意地占用地球的鱼资源，主要用来称呼会讨人喜欢、善于卖萌的猫，也泛指所有猫。爱猫人士多用此词称呼可爱的猫，以表达自己对聪明活泼、讨人喜欢的猫咪的喜爱之情。猫是家庭中极为常见的宠物。与猫有关的有趣特征很多。

非常爱睡觉

猫一天中有 14~15 小时是在睡眠中度过的，有的甚至能睡上 20 个小时，所以被称为"懒猫"。其实，猫有 3/4 的时间是假睡，只要有点声响，耳朵就会动，有人走近就会一下子站起来。

我行我素

猫是很任性的，经常我行我素。有时，你怎么叫它，它都当没听见。猫和主人不是主从关系，而是朋友关系。

爱干净

猫的舌头上有许多粗糙的小突起，这是猫清除脏污最合适的工具。猫经常清理自己的毛，爱舔身子。饭后会用前爪擦擦胡子，被抱后会用舌头舔舔毛。这些都是猫去除身上异味的行为。

第94天 学习简单的趣味图形

妈妈和宝宝的变化

如果孕妈妈感到衣服不合身，可以选购一些合适的衣物了。
胎宝宝的耳朵部分已经形成螺旋状的褶皱，但还没有听力。

今天，带着胎宝宝来认识一下生活中常见的各种图形吧，如圆圆的太阳、方方的桌子、弯弯的月亮、尖尖的塔楼等。孕妈妈还可以在纸上画出各种图形，再动手涂上漂亮的颜色，告诉胎宝宝圆的是什么，方的是什么，椭圆的又是什么，胎宝宝会很感兴趣的。

梯形　菱形　三角形　心形　正方形

星形　圆形　太阳　小草

第 95~96 天　年画欣赏:《射桃子》

妈妈和宝宝的变化

孕妈妈有着比较轻微的妊娠反应，也可能有鼻塞的不适。胎宝宝的中枢神经系统，包括大脑和脊髓，都已经具有了基本结构。

看这个胖娃娃，手里拿着弓，眼睛看着被箭射中的桃子，露出欣喜的表情，一副憨态可掬的模样！又大又圆的桃子鲜美诱人，令人垂涎欲滴。

看到这幅图，孕妈妈是不是想象着自己的宝宝也如此活泼可爱呢？

第97~98天 有趣故事会:《傻乎乎的小鸭子》

妈妈和宝宝的变化

想必孕妈妈会信息过量，因为周围的人都会乐意与你分享怀孕经验。胎宝宝由于胎盘的支持，每天都在生长、变强。

小鸭子走路摇摇晃晃的，看起来蠢头蠢脑的，可是，他实际上聪明着呢，没谁能够欺负到他。

有一天，鸡妈妈到处在找干草，小鸭子看见了，就问她在做什么。鸡妈妈小声地对小鸭子说："我要找到好多干草，然后把所有的蛋都放在上面，再孵出一群可爱的鸡宝宝。"小鸭子听了开心极了，有鸡宝宝同他玩喽！他嘎嘎叫着走开了，鸡妈妈在后头又叫了他几声，他也没听见。

想到一大群可爱的鸡宝宝追着他叫哥哥，他就高兴坏了，边走边唱："鸡妈妈，找干草，孵出一群可爱的鸡宝宝……"

"小鸭子！你在唱什么？你这么大声唱，不是谁都知道鸡妈妈要孵小鸡了吗？要是有坏蛋想打鸡妈妈主意怎么办？"小花猫听见这歌声严肃批评了小鸭子。

"哎呀，我完全忘记这事了！"小鸭子非常懊悔。

可是已经太晚了，鸡妈妈要孵小鸡的事情已经传到狐狸耳朵里了。狐狸早就打鸡妈妈的主意了，只是每次鸡妈妈都运气好，躲过去了。"哼，这一次，我一定要吃掉那只大母鸡！"狐狸高兴地想。

狐狸找到小鸭子说："小鸭子小鸭子，你知道的，鸡妈妈在孵小鸡，没人给她送吃的，她饿坏了怎么办？我特意为她准备了一些好吃的饼干，你带我去找她吧？"

小鸭子看了看狐狸，又看看他手里的篮子，想了想说："好吧，我带你过去。"小鸭子摇摇摆摆地在前面走，把狐狸带到了一座木屋前，说："就是这里了，鸡妈妈就在里面。"

狐狸高兴坏了，一头冲进了小木屋。

狡猾的狐狸怎么也没想到，他看到的不是孵小鸡的鸡妈妈，而是拿着手铐的豪猪警长！原来，小鸭子不相信他，把他带到豪猪警长的家了。

潮妈奶爸心语

宝宝你看，这个小鸭子聪明吧？知道狐狸没安好心，于是把狐狸带到了警长家中，让警长来对付他。

第15周 能感觉到光线强弱了

我的眼睛虽然仍是闭着的，但已经能感觉到光线强弱了。如果爸爸用手电筒照射腹部，我很可能因感觉陌生和不熟悉而将头转开呢！我的眉毛开始长出来，头发也在迅速生长，头发的粗细和颜色在出生后都会有所改变。

第99天 运动胎教：做有氧操

妈妈和宝宝的变化

胎宝宝的眼睛慢慢从头两边移向头内侧。前3个月会有如恶心和疲劳的妊娠反应，现在已经基本减轻或消退了。胎宝宝的外形发育良好，内部正在发生复杂的变化，继续成熟着。

1 上臂上抬至肩膀，上半身向左右转动。

2 两脚用力分开，蹲下，双手抓住两脚踝。

1
2
3
4
5
6
7
8

潮妈奶爸心语

司马光是一个聪明、爱动脑筋的好孩子。一般人看到小朋友掉进水缸，都会想起翻到水缸顶上去把这个小孩捞起来，但自己也有掉下去的危险。而司马光另外想了一个办法，直接砸破水缸，救活了那个小孩。

第104~105天 有趣故事会：《司马光砸缸》

妈妈和宝宝的变化

孕妈妈找到舒服的睡眠姿势很有益，会在整个妊娠期给你带来好处。

司马光从小就是个喜欢学习的孩子，特别认真刻苦。

七岁那年，司马光跟小朋友去市集玩，忽然有一处声音吸引了他的注意力，原来是有人在讲述《左氏春秋》。司马光不知不觉地走过去，扎进人堆里听起来，完全忘了其他小朋友。他听得入了迷，一直到傍晚说书人撤了摊子打算回家，他才依依不舍地离开了。

回家之后，司马光就迫不及待地将听来的春秋故事讲给家里人听。虽然只是听了一个下午，但是他都能说出《左氏春秋》的大体情节。从此之后，司马光更是迷上了读书学习，早晨天还没亮就爬起来捧着书卷读，到深夜还舍不得睡觉。他看书经常看得忘了时间，不知道肚子饿，也不知道口渴，外面是刮风下雨还是出大太阳，他更加不知。

有一个夏天，天气特别炎热，大人们都出门去了，小朋友们在他家院子里玩耍。好多小朋友都在窗子外面叫司马光出来一起玩，可是他摇摇头拒绝了，他觉得还是书中的世界更吸引他。

院子里有一口大水缸，缸里装满了水，小朋友们玩着玩着便打赌起来。大家都说这口水缸特别大，肯定能够淹死人。有个小胖子就不相信，非说这口水缸没那么大，也没那么可怕。其他人不高兴了，嚷嚷起来："你说这水缸不大，要不你爬进去试试？"

小胖子经不起激将，真的爬到水缸边上，可是水缸太滑了，他一头就栽进去了。看到这情景，大家都吓傻了。一群人在周围绕来绕去，就是想不出什么办法，于是哄哄闹闹地四散跑开了。

司马光听见院子里传来"救命"的声音，赶紧扔下书卷跑出去，见到这情景，司马光没有慌乱，绕着水缸想了一下，赶紧从墙角捡来一块大石头，照着水缸就狠命砸下去。水缸被砸破了，水缸里的水喷出来。这个小胖子终于得救了。

第16周

握拳、伸脚、眯眼，这些我都会了

这周，我的胳膊和腿部都发育完成，关节也开始活动。我的神经系统开始工作，肌肉对来自脑的刺激有了反应，开始能够协调运动。在安全的空间里，我会非常活跃，常常翻身、翻筋斗、乱踢一通。

第 106 天　孕妈妈来按摩涌泉穴

妈妈和宝宝的变化

到了这一周，孕妈妈开始有明显的小腹隆起，看起来像个孕妇了，某些孕妇会发现小腹的突出比其他人要快一些。

孕妈妈因有了宝宝，偶尔会有肩背疼痛的不适感。那么，赶快来按摩一下，缓解因疼痛而带来的烦躁心情吧！按摩涌泉穴 3 次，每次 4 秒钟。

涌泉穴

命名　涌，溢出的意思；泉，泉水。涌泉是指体内肾经的井水从此处穴位溢出体表。所以，称之为“涌泉”。

部位　属足肾经静脉的穴道。在足底前部的凹陷处，第二、三趾的趾缝纹头和足跟连线的 1/3 处。

主治　孕妈妈经常按摩这个穴位，能缓解因妊娠而引起的腰酸背痛。

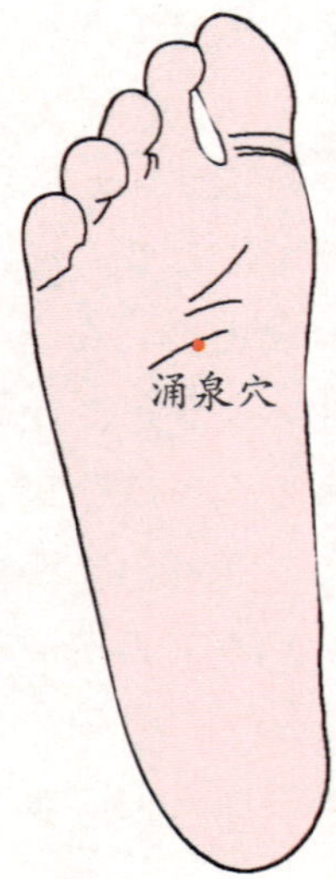

第107天 名曲欣赏:《糖果仙女舞曲》

妈妈和宝宝的变化

胎宝宝的指尖开始突出，每根手指都是独立的，可以单独活动。每根手指都微微自然张开，这是宝宝小手最舒服的姿势。

今天我们来欣赏一段充满动感的旋律。在奇妙的糖果王国，美丽的糖果仙子正跳起舞蹈欢迎孕妈妈和胎宝宝的到来，和她们一起快乐地舞蹈吧！

什么时候听

在感觉到胎宝宝在肚子里动时放这首曲子来听，欢快的感觉会感染到孕妈妈和胎宝宝。

怎么听

休息时，当你能感觉到宝宝在肚子中活动，就可以放这首曲子来听，欢快的感觉会感染到你和宝宝的情绪。你可以想象自己是糖果仙子，在快乐的糖果王国中，与王子和小姑娘一起舞蹈、欢笑。

关于这首曲子

《糖果仙女舞曲》是柴可夫斯基的作品，他用刚刚发明的钢片琴来演奏，音调既甜蜜腻人，又清脆透明，这就是糖果仙女的写照，使人很自然地联想到糖果王国中像小玻璃碎片那样晶莹夺目、五彩缤纷的糖果的颜色。

第108天 看看可爱的萌宝宝吧

妈妈和宝宝的变化

胎宝宝的脚趾开始伸长，微小的足弓开始显现。胎宝宝可以随意抓住自己的脚了，但还不能将其放入嘴中。

小家伙真是太可爱了！孕妈妈将来也能生下这么活泼纯真的小宝贝呢，是不是很开心？能拥有一个健康聪明的宝宝，受再多的苦也是值得的！

第 109~110 天
名画欣赏：《小淘气》

妈妈和宝宝的变化

胎宝宝的皮肤此时仍然是半透明的，这一时期，皮下脂肪很少，骨骼在不断生长和成熟着。为了帮助胎宝宝的肺扩张和发育，以及做好呼吸的准备，需要保证胸腔完全浸润在羊水中。

今天推荐孕妈妈欣赏的是 19 世纪末法国著名的唯美主义画家布格罗的一幅画——《小淘气》。这是一幅浪漫的作品，画面中小女孩翻墙下不来，被路过的母亲“搭救”，母女相互对视，“悔过”“原谅”的眼神被刻画得淋漓尽致。孕妈妈看着这一母女情深的画面，是不是也体会到了它的动人之处呢？

第111~112天 有趣故事会:《三个和尚》

妈妈和宝宝的变化

胎宝宝的皮肤开始隔绝水分，增加的羊水主要来自胎儿的肾脏和膀胱中的尿液。尿液中不含代谢物，因为它们都被转移到了胎盘。

山上有座小小的寺庙，庙里只有一个小和尚。小和尚每天天还没亮就起床下山挑水。挑水要翻过一座山，非常困难。挑水回来之后，小和尚就生火做饭、念经、敲木鱼。夜里他把东西都放置好，不让老鼠来偷东西。

后来，庙里来了一个高大的和尚，这和尚胃口大，刚进寺庙，就喝了小半缸水。小和尚要他去挑水，他觉得自己一个人去太吃亏了，得叫上小和尚一起去。可是庙里只有一个扁担、两个桶。于是大个子要小和尚同他一起去抬水。两个人抬水的话，只能抬一只水桶，而水桶一定要放在扁担正中间，否则两人肯定要吵架，都觉得自己吃亏了。

再后来，寺庙里来了一个胖和尚。小和尚和大个子和尚就叫胖和尚去挑水。胖和尚倒是挑了两桶水上来，可是他不给他俩喝。看到这情形，原先的两个和尚很恼火，大家都气鼓鼓的，谁也不理谁。此后，和尚们都不挑水了，没水喝，大家就忍着。

以前小和尚一个人在的时候，夜里老鼠根本就不敢出来。现在，和尚多了，可是谁都不管老鼠偷东西的事。老鼠见没人管，胆子越来越大，有一天打翻了烛台，酿成大火。三个和尚齐心协力才把火扑灭了。大火灭了，他们才明白齐心协力的重要，开始轮流下山挑水。

潮妈奶爸心语

《三个和尚》的故事，可是爸爸小时候就听过的故事呢，“一个和尚挑水喝，两个和尚抬水喝，三个和尚没水喝”。你看，这三个和尚都斤斤计较，不愿意分享，不想为他人分忧，结果酿成大火了。宝宝，你要吸取三个和尚的教训啊！

孕5月

宝贝的小手碰到妈妈啦

第17周 我能听见妈妈的肚子咕咕叫了

现在，子宫里的我和出生后一样可爱，找到了第一个玩具——脐带。我的肺开始不断吸入和呼出羊水。我的听觉开始发育，能听到孕妈妈身体内部和外面世界的声音，有些声音还会引起我的反应。

第 113 天　欣赏《八骏马》十字绣

妈妈和宝宝的变化

胎宝宝正在健康发育，流产的概率大大降低，这都会让孕妈妈感到安心。此时是妊娠的安全时期，是孕妈妈和准爸爸享受美好时光的旅游时机。

看，这八匹骏马在草原上奔驰着，鬃毛迎风翻卷，连马蹄下的野草都有了动感。这八匹马色泽光亮，各有姿态，形态和神韵兼备。

孕妈妈在欣赏这幅十字绣的时候，有没有感受到迎风疾驰的速度和栩栩如生的动感？

第114天　运动胎教：快步走和半蹲练习

妈妈和宝宝的变化

胎宝宝非常活跃，可以蜷缩和伸展躯干，仰头和低头，独立活动手臂和腿，甚至会在子宫中翻跟头了。

这时候，孕妈妈由于全身血液循环的增加以及增大的子宫压迫血管，容易出现水肿、精神困乏、浑身无力等现象。孕妈妈通过运动能够吸入更多的新鲜氧气，排出身体内的废物，增强身体的抗病能力。

快步走

快步走时，手臂摆的幅度稍大些，步伐也更快点，心率尽量控制在120~140次/分钟。

半蹲练习

两脚自然分开，膝盖对准脚尖方向，手臂自然下垂放在身体的两侧，目视前方。吸气时，屈膝半蹲，手臂向前平举，呼气时还原，反复练习10次。

第115天　在家看有趣电影

妈妈和宝宝的变化

孕妈妈可能会有来自各方面的压力，羊水中的压力激素水平会对胎儿发育造成负面影响。所以，要找出原因，乐观面对，学会减压，正确看待困难。

电影	心动指数	不得不看的理由	电影	心动指数	不得不看的理由
泰坦尼克号	♥♥♥♥♥	深海永恒，爱情经典	黑暗中的舞者	♥♥♥♥♥	唯美感性、充满力量
肖申克的救赎	♥♥♥♥♡	启迪人心，挖掘人性	永不妥协	♥♥♥♥♥	真诚、励志
通天塔	♥♥♥♥♡	语言不同，温情永恒	跳出我天地	♥♥♥♥♥	美妙的追求梦想之路
香草的天空	♥♥♥♥♡	汤姆·克鲁斯的经典之作	侧耳倾听	♥♥♥♥♥	关于初恋和成长的故事
浓情巧克力	♥♥♥♥♥	散发着浓浓法国爱情巧克力味	剪刀手爱德华	♥♥♥♥♥	纯净爱情
断背山	♥♥♥♥♡	另类的爱情，触目而深刻，隽永深邃	傲慢与偏见	♥♥♥♥♥	纯净、朦胧、浪漫
罗密欧与朱丽叶	♥♥♥♥♥	经典的爱情故事	云中漫步	♥♥♥♥♥	美丽的葡萄园、田园风格
千与千寻	♥♥♥♥♥	梦幻般的奇妙旅程	触不到的恋人	♥♥♥♥♥	科幻色彩的爱情故事
假如爱有天意	♥♥♥♥♥	画面唯美，清新感人	天使爱美丽	♥♥♥♥♥	现代灰姑娘的童话
美丽心灵	♥♥♥♥♡	一个天才的真实故事	诺丁山	♥♥♥♥♥	影片很欢快，对白很智慧
追风筝的人	♥♥♥♥♥	找回善良纯真的自我	真爱至上	♥♥♥♥♥	爱是你我
天堂电影院	♥♥♥♥♥	寻找三部曲	当幸福来敲门	♥♥♥♥♥	追求快乐的励志故事
导盲犬小Q	♥♥♥♥♥	人与狗的亲情	西雅图未眠夜	♥♥♥♥♥	电子时代的一“听”钟情

第116~117天 营养胎教：补钙助生长

妈妈和宝宝的变化

孕妈妈在能感受到胎宝宝的活动前，听胎宝宝心跳是和他保持亲近的好方法。妊娠期间保证足够的饮水对胎儿的健康很重要，所以请随身携带水瓶。

宝宝的骨骼正在生长，很需要补充钙质。今天，准爸爸就下厨为孕妈妈和胎宝宝做点补钙的食物吧！

香菇虾仁豆腐羹

材料 香菇丁60克、虾仁100克、豆腐块250克。

调料 葱花、姜丝、盐、水淀粉、香菜末各适量。

做法

1. 虾仁洗净，加盐拌匀，放油锅略煸，盛出。
2. 另起油锅，爆香葱花、姜丝，加香菇丁略煸，盛出。
3. 锅内加水烧开，放入豆腐块和香菇丁烧滚，再加虾仁烧开，用水淀粉勾芡，放盐调味，撒上香菜末即可。

第118~119天 有趣故事会:《聪明的木匠》

妈妈和宝宝的变化

胎宝宝的身体各个部分的供血都有增强，以便提供发育所需的营养；能清楚地看到血管，少量脂肪开始出现。

小木匠和地主是邻居，门对着门。这个地主非常霸道，村子里的人他都欺负，小木匠也被他欺负得很惨。

有一天，地主清早起来，发现大门坏了。不知道是谁夜里头拿斧头砍的，烂了一个大窟窿。地主婆跳脚骂了一上午，也没人站出来承认。事实上，大家都讨厌地主这一家人，所以，地主查不出来到底是谁砍他家的门。

地主只好请小木匠来重新为他做一扇门。小木匠说："做大门可得要上等的木料，普通木料不够结实。"地主家里多得是木料，堆在仓库里都被虫子咬了。可是地主只拿出了刚好够做一扇门的木料。

过了几天，地主在家算账，小木匠推门进来问："门做好了，还要做什么吗？"地主高兴坏了，以为还有多的木料，于是赶紧说："再做一扇窗户。"小木匠就去把刚刚做好的门拆了，做了一扇窗户。

做好后，小木匠又去问还要做什么。地主以为还有剩余的木料呢，就说："那就再做一个锅盖。"小木匠又回去拆了窗户，做了一个锅盖。锅盖做好了，小木匠又去问还要做什么。地主想，剩的木料即便还有，肯定也是一点点边角料了，于是问剩下的木料还够做点什么。小木匠说："能够做一个鼻烟壶盖。"地主忙不迭地让小木匠去做。

于是，小木匠就把锅盖拆开，做了一个小小的鼻烟壶盖子。

潮妈奶爸心·语

宝宝，这个小木匠够聪明吧！用这样的法子，好好治了这个贪心又霸道的地主。

第18周 跟妈妈玩捉迷藏的游戏

这周，我的身体比例更趋协调了，下肢比上肢长，下肢各部分也都呈正常比例，身体发育越来越完善。我越来越爱动，所以胎动会越来越频繁，很爱跟妈妈玩捉迷藏的游戏。

第 120 天 成语故事：揠苗助长

妈妈和宝宝的变化

有的孕妈妈可能会觉察到胎儿的活动，不过部分孕妈妈可能会更晚一些才能觉察到。

今天，给宝宝讲个有趣的故事吧！孕妈妈也从中领悟一下过犹不及的道理吧！

有个急性子的宋国人，日夜盼望稻田里的稻子快些长大。可是，稻子是要慢慢长的，不能照他想的那样长得那么快。

有一天，他想出了一个妙计：下田去，把每棵稻子都从土里拔高一些。

“好累啊！辛辛苦苦干了一整天！不过，田里的稻子倒是都长高了好些。”

他的儿子听说田里的稻子长高了好些，连忙跑到田里去看。可是，糟糕得很，田里稻苗的叶子已经开始枯萎了。

第121~122天 手工课：折百合花

妈妈和宝宝的变化

孕妈妈每周体重都会增加400克左右，这是正常的。胎宝宝早期的牙蕾和下颌骨都开始硬化，和其他骨骼一样，钙质开始沉积。

孕妈妈来折百合花吧，可以用不同颜色的纸来折，并在上面写下对宝宝的祝福。

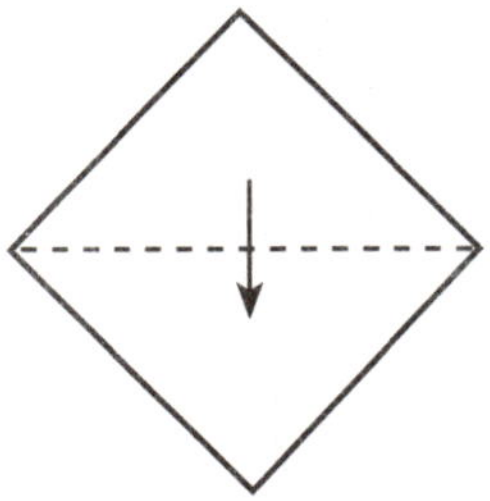

（1）将正方形的纸对角折。

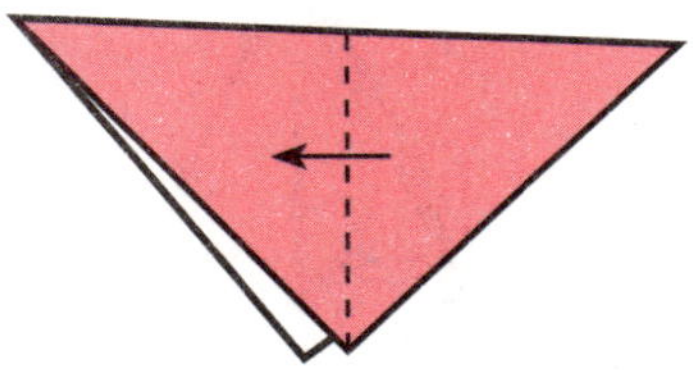

（2）再对角折。

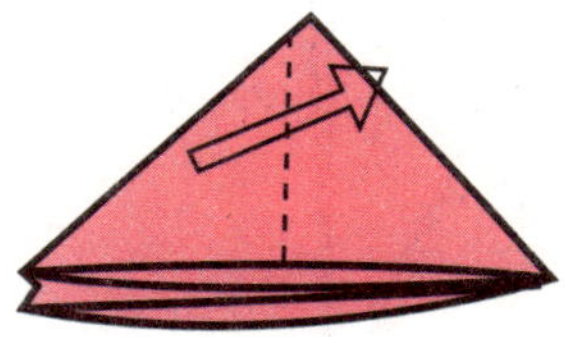

（3）拉开上层袋子。

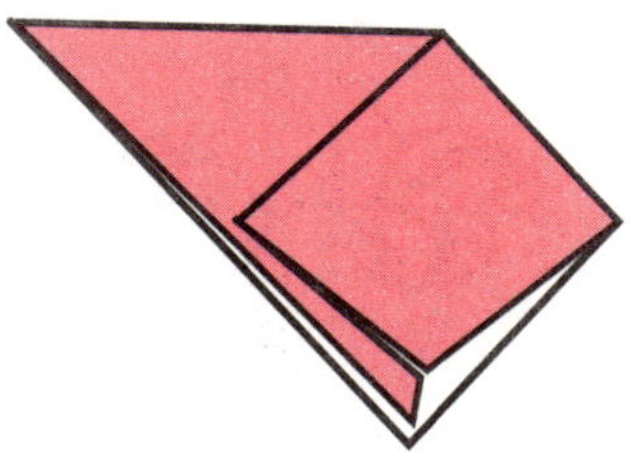

（4）背面折法相同。

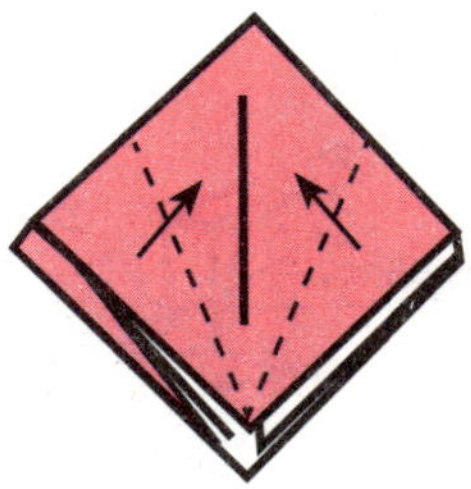

（5）集中一角折，背面相同。

（6）打开，背面相同。

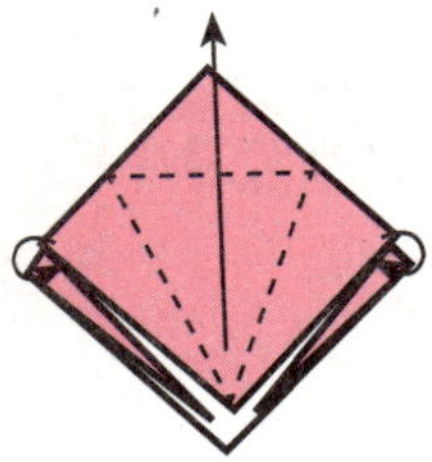

（7）按照折痕打开袋子向上拉，左、右两边向中心线折。

（8）背面折法相同。

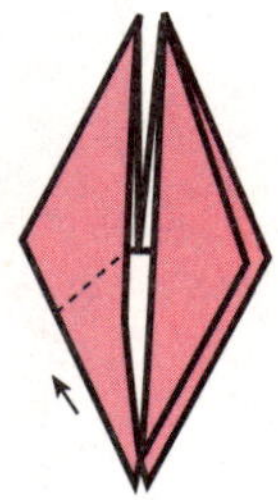

（9）完成双菱形。

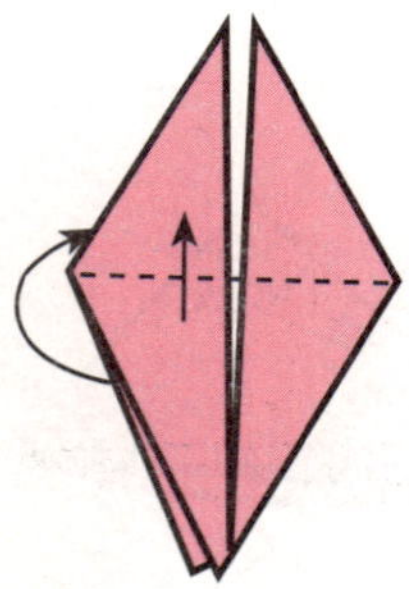

（10）将双菱形下面的两角向上折。

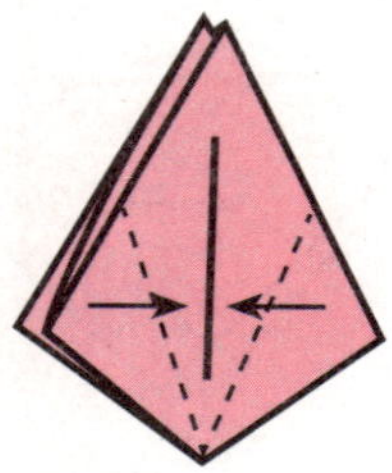

（11）两侧沿着虚线向中心折。

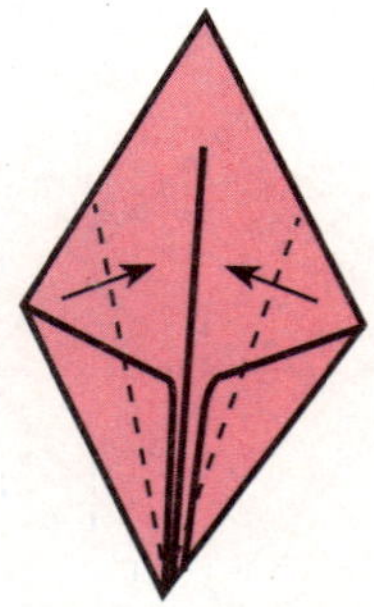

（12）再向中心线折。

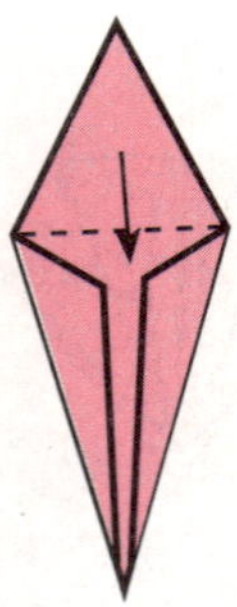

（13）向下折，其他三片也一样。

（14）把花瓣尖端用笔卷一卷。

（15）完成。

第123~124天　手工课：折千纸鹤

妈妈和宝宝的变化

孕妈妈的肚子日益明显，成为他人话题的焦点。胎宝宝会伸直腿，更加用力地踢母亲，尤其对经产妇来说，会更容易感到胎儿的运动。

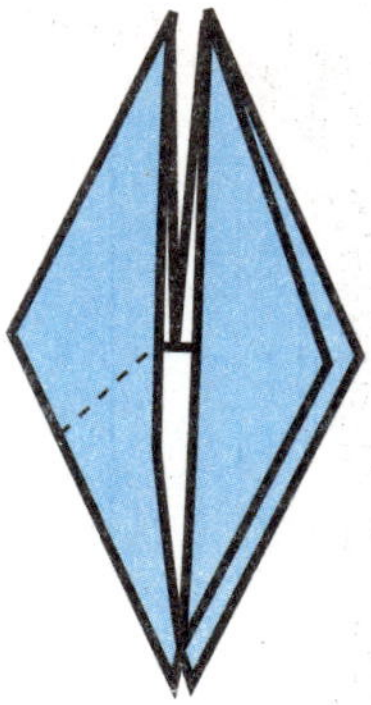

（1）将纸折成双菱形（折法见第117～118页），再压折出颈部。

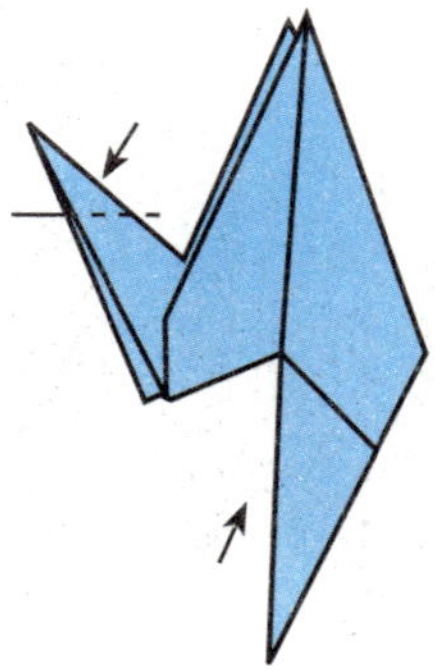

（2）压折头部和尾部。

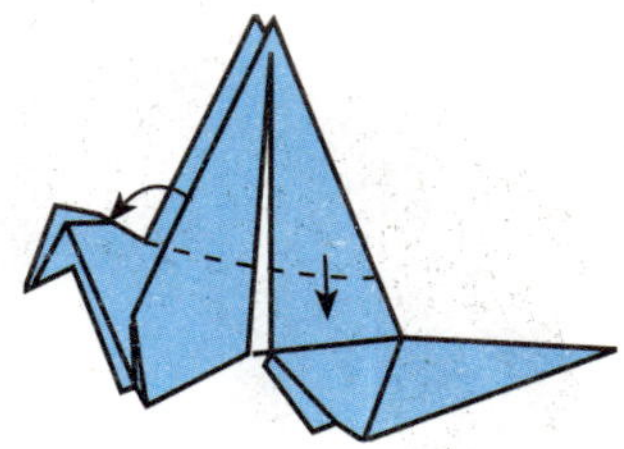

（3）两角向下折成翅膀。

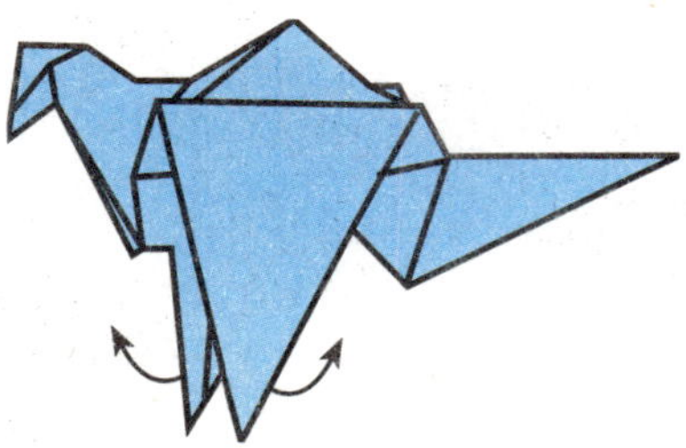

（4）翅膀向上拉平。

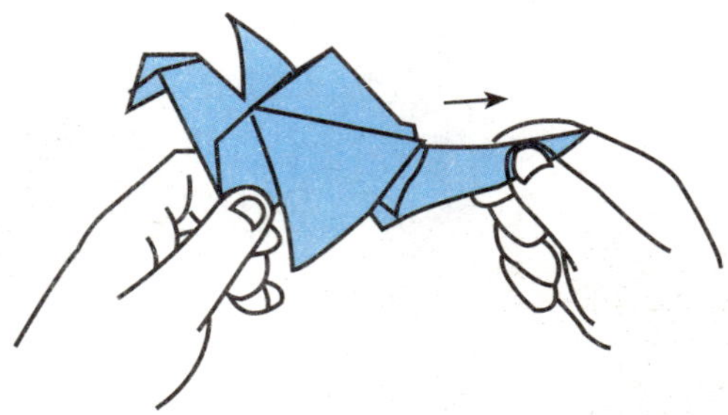

（5）向后拉动尾部，千纸鹤的翅膀就动起来了。

第125~126天 有趣故事会:《乌鸦喝水》

妈妈和宝宝的变化

是男宝宝还是女宝宝，现在已经非常明显了，孕妈妈、准爸爸对此也很好奇呢！胎宝宝的外耳已经基本形成，内耳的结构正在逐步成熟中。

有一只小乌鸦，离开妈妈去独立生存。可是，独立生存说起来容易，做起来可真难啊！小乌鸦从昨天晚上到现在，还没喝上一滴水呢！它觉得嗓子里干得冒烟了，飞来飞去到处找水喝。可是附近连条河都没有，要上哪里去找水呢?

小乌鸦在树林里转悠，想找到一片带露珠的叶子。可是露珠早就被空中照耀的太阳蒸发掉了。小乌鸦实在累极了，收起翅膀，站在一根小树枝上喘口气。就在这个时候，它忽然有了意外的发现。树底下有个小玻璃瓶，瓶子里居然还有水！

小乌鸦高兴得一头扎下去，到了瓶子跟前又伤心了。瓶子里虽然有水，可是水不够多，瓶口又很小，乌鸦再怎么使劲，也够不着水。要怎么办才好呢?

乌鸦急得团团转，明明看到了水，可是又喝不到，这实在太难受了。嗓子里好像有把火在烧，烧得它心烦意乱的。小乌鸦四下里打量着，看到附近有一堆小石子，脑子里突然想出了一个主意。

它高兴地扑棱着翅膀，从旁边一颗一颗地衔来小石子，放进瓶子里。瓶子里的水面渐渐往上升，小乌鸦终于喝到水了！

潮妈奶爸心语

宝宝，你看乌鸦这样就喝到水了，你要不要也试一试？看看能不能喝到水?

第19周 能听见羊水内外的声音

我的感觉器官在这周开始迅速生长。嗅觉、触觉、味觉、听觉、视觉从现在开始在大脑中专门的区域发育。此时，我的神经元数量减少，神经元之间的连通开始增加，也能听到羊水内外的声音啦！

第127天 古诗欣赏:《归园田居》(其一)

妈妈和宝宝的变化

胎宝宝通过脐带与胎盘相连，在羊水中漂浮着。随着妊娠时间的推进，孕妈妈会对胎宝宝产生日益强烈的依赖感和保护欲。

今天孕妈妈来教胎宝宝读一首自然清新的田园古诗。这首诗是东晋著名诗人陶渊明的作品。希望宝宝将来长大后，也像诗人一样热爱自然，真诚地对待自己的生活。

少无适俗韵，性本爱丘山。
误落尘网中，一去三十年。
羁鸟恋旧林，池鱼思故渊。
开荒南野际，守拙归园田。
方宅十余亩，草屋八九间。

榆柳荫后檐，桃李罗堂前。
暧暧远人村，依依墟里烟。
狗吠深巷中，鸡鸣桑树颠。
户庭无尘杂，虚室有余闲。
久在樊笼里，复得返自然。

——陶渊明

第128天 意念胎教：看B超勾勒宝宝模样

妈妈和宝宝的变化

孕妈妈可以通过听诊器听到胎宝宝心脏快速跳动的声音了。

虽然孕妈妈感觉不到，但胎宝宝已经学会打嗝了。

孕中期后，孕检也要定时去做，可不能偷懒哦！在做孕检时，最好能由准爸爸陪同，一起分享看到宝宝的幸福感受吧！

如果今天去医院进行孕检的话，除应该做超声检查判断胎宝宝有无畸形等病症外，你还可以看到胎宝宝的第一张B超照片，上面会有胎宝宝现在的模样。如有条件，可以将其带回家，作为宝宝的第一张精彩留影。

根据B超图片，想象一下胎宝宝的模样

从B超的电脑屏幕上看到胎宝宝的那一刻，准爸爸和孕妈妈都很激动吧！小家伙动来动去，是在揉眼睛、伸胳膊，还是踢腿呢？B超照片上，宝宝正在做什么呢？胎宝宝的脸清楚吗？是不是跟你想象中的胎宝宝很像？

孕妈妈可以通过自己的想象，将胎宝宝的模样想得更为具体生动些，这个清新的胎宝宝模样将是你和胎宝宝的第一次碰面。还可以根据B超画出胎宝宝，等宝宝出生、长大后，跟宝宝分享一下。

Tips

你需要知道的B超

B超分为黑白B超和彩超，相比较黑白B超，彩超功能更多一些，对胎儿严重发育异常的诊断也更明确，其图像分辨率也优于黑白B超，价格也贵些。

需要注意的是，彩超的显示图像未必是彩色，如果没有精确检查的必要，可以先做黑白B超。一般来说，孕中期的系统排畸检查应用彩超更好些。

第129天 一家三口的互动游戏

妈妈和宝宝的变化

孕妈妈可能会对一些很平常的事情感到焦虑，要时刻记得胎宝宝在子宫中得到了很好的保护，很安全。

孕19周，胎宝宝会出现胎动，这时可以进行适当的抚摸胎教。坚持做下来，能促使胎宝宝的运动神经发育，并能让胎宝宝感受到妈妈的爱意。

抚摸胎教实施的时间

在孕妈妈临睡前，可以和准爸爸一起从左到右、从上到下轻轻地抚摸腹中的胎宝宝。

实施方法

1. 轻轻叩击腹部

叩击式胎教是孕妈妈或准爸爸用双手稍握拳，轻轻叩击腹部，时间3~5分钟为宜。

2. 轻轻抚摸腹部

孕妈妈或准爸爸用双手轻轻抚摸腹部，并集中注意力将爱意传递给胎宝宝，等待胎宝宝做出反应。孕妈妈可以根据胎宝宝的反应决定时间的长短。

3. 轻轻触压

在孕妈妈感到胎动时，用手指轻轻触压胎动部位，以达到刺激胎动的效果。

不宜进行抚摸胎教的情况

1. 孕早期和临近预产期的孕妈妈不宜进行抚摸胎教。

2. 孕妈妈如出现了不规则子宫收缩、腹痛、先兆流产等不适，不宜进行抚摸胎教，以免发生意外。

3. 如果胎宝宝躁动不安、胎动频繁，则抚摸胎教应立即停止，以免发生脐带缠绕等意外事故。

4. 孕妈妈如果有流产、早产、产前出血等不良产史，则不宜进行抚摸胎教，最好能用其他的胎教法代替。

第 130~131 天

运动胎教：转动腰部和推动骨盆

妈妈和宝宝的变化

孕妈妈的胎宝宝是独一无二的，因为出现了指纹。孕妈妈适宜多吃富含维生素 E 的食物，可以减少宝宝产生过敏的概率，包括哮喘。

转动腰部

1. 两腿向前，完全伸直并分开，脚腕向上弯曲，挺直背部并保持此坐姿。

2. 转动身躯向后看，左右两个方向交换（此动作可松弛肋部肌肉）。

前后推动骨盆

1. 两腿分开，与肩同宽，保持站姿并稍稍弯曲膝盖。

2. 上身保持不动，用力向前推骨盆，再用力向后退。

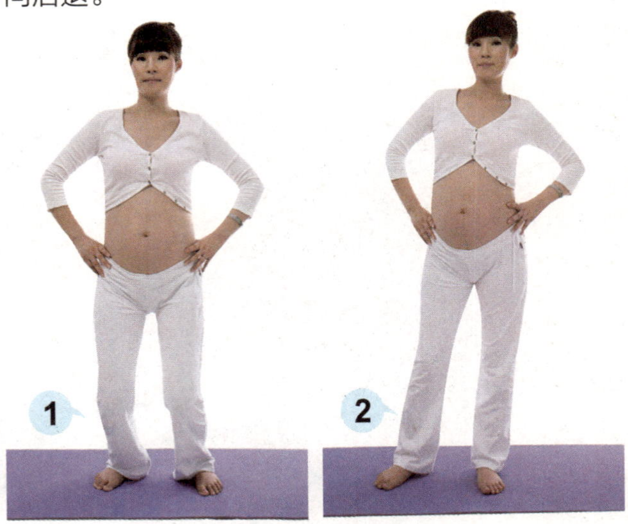

第132~133天 有趣故事会:《聪明的小象》

妈妈和宝宝的变化

胎宝宝、胎盘、更多的血液、更大的子宫和乳房，加上增加的体重，都会给孕妈妈的身体增加压力，要多进行安全有效的锻炼。

一个春天的早晨，阳光明媚，微风轻抚，空气中弥漫着鲜花的香味。绿色的小草盖住了褐色的土地，给大地铺上软软的毯子，柳树在风中轻轻摇动，晃荡着它绿色的长辫子。四处都有五彩缤纷的花朵在争奇斗艳。

小象宝宝也被这生机勃勃的景象感染了，想到外面去走走看看。小象宝宝可真够壮实的啊，身子就像一堵厚厚的墙，腿像四根柱子，耳朵耷拉着，像两把大蒲扇。

小象来到小河边，河水轻轻地荡漾着，清澈见底，河里的小鱼儿和水草都看得一清二楚。鸭子在水面上嘎嘎地叫着，有时又一个猛子扎进水里，快活极了。小河上架着一座木板桥，桥面很窄，有些摇摇晃晃的样子。

小象试着伸出一只脚，踩在小桥上，这小桥被压得嘎吱嘎吱响，晃悠得更厉害了。小象想，这实在太危险了，万一谁走在桥上，掉进河里怎么办？

小象皱着眉头想啊想，终于想到了办法。他伸出自己的长鼻子，卷起这座摇摇晃晃的木桥，把它翻个面，重新架在旁边，桥两头紧紧地卡在岸上。

小象自己踩上去走了一趟，小桥果然稳稳当当的，再也不会晃荡了。小象可开心了，它走到对岸，跟河对岸的小白兔、小猴子一起捉迷藏。

潮妈奶爸心语

小象看到小木桥摇摇晃晃的，很是担心，它没有向别人求助，而是开动自己的脑筋，很快就想出了好办法，使小木桥稳稳当当的了。宝宝要向小象学习，遇到难题的时候，不是放弃，也不是求助于别人，要开动脑筋，用自己的聪明智慧来解决难题。

第20周 能记住准爸爸的声音

我的大脑具备了记忆能力，爸爸在旁边说话，就能记住了。我变得越来越好看了：嘴变小了，两眼距离更靠拢了些，只是鼻孔仍然很大，而且是朝天鼻，不过鼻尖会慢慢发育起来，鼻孔慢慢变得朝下。那时候，我会更漂亮的。

第134天 动脑游戏：猜谜语

妈妈和宝宝的变化

大部分的孕妈妈会在本周感受到第一次胎动。胎宝宝仍然是个大头娃娃，头很大，四肢也长大了不少。

早上醒来，看到从窗户射进来的太阳光，孕妈妈心情一定很好！那么就带着愉悦的心情来猜几道谜语吧！

题目

1. 有门不用锁，有顶无底座，夏夜门关起，天亮门开启。（猜一床上用品）

2. 小铁狗，把路走，走一步，咬一口。（猜一日用品）

3. 麻房子，红帐子，里面睡个白胖子。（猜一食物）

4. 一个小姑娘，长在水中央，身着粉红裙，坐在绿船上。（猜一植物）

答案

1. 蚊帐 2. 剪刀 3. 花生 4. 莲花

第135天 光照胎教：胎宝宝来晒太阳吧

妈妈和宝宝的变化

胎宝宝开始用手和脚来了解周围的环境，四肢可以进行自由的各个角度的活动了，胎宝宝的感觉是最为敏锐的。

勤晒太阳对孕妈妈来讲是既重要又经济的补钙良方。天气好的话，孕妈妈就可以在阳光温暖、光线又不太强烈的地方晒晒肚皮，这样能起到让宝宝见见光线的作用，还能补充一定的维生素D，促进钙质吸收，帮助胎宝宝的骨骼发育。

注意避免高温炎热的天气

在高温下，孕妈妈会感觉不适。而且，为降低体温，孕妈妈的血管会自动收缩，通过血管向胎儿输送的养分也随之减少。在怀孕后期，高温还会导致孕妇早产，增加流产概率。所以要避免在夏季中午最热的时候到户外晒太阳。

每天的日晒时间充足

晒太阳要足量，冬季每天不少于1小时，夏季每天不少于半小时。

掌握每天最佳日晒时间

上午9~10点，下午4~5点，这是专家们总结的每日最佳日晒时间。

防晒装备

孕妇对日光中能使人晒黑的UVA更为敏感，遭遇阳光后，与其他人相比会产生更多的色素沉淀，面部雀斑也会加重，甚至有些色素痣还可能变成黑色素瘤。所以，在多吃含维生素C比较多的果蔬的同时，孕妈妈最好使用物理性的防晒霜，因为它很天然且不含铅，对胎宝宝没有影响。化学防晒霜或美白霜最好不要用，因为有的里面含有铅、铬等元素。

第136天 跟准爸爸制定一次轻松的旅行

妈妈和宝宝的变化

胎宝宝牙齿的基础已经形成，无论是乳牙，还是随后出现的恒牙。孕妈妈多做点拉伸和柔韧性的训练，能缓解紧张，防治痉挛，改善身体平衡和体态。

制订可行外出计划

在制定行程时，要预留出足够的休息时间，出门前征求医生的同意。此外，在出发前必须查明到达地区的天气、交通、医院等。

准爸爸要全程陪同

孕妈妈不宜一人独自出门，如果与一大群陌生人做伴也是不合适的，最好是准爸爸、家人或者好友等熟悉的人陪同前往，会使旅程愉快。当你觉得累或不舒服时，也有人可以照顾。

选择合适的交通方式

短途旅行可以坐汽车，要系好安全带，每2小时要站起来活动一下。远途旅行最好选择火车或飞机。火车旅行宜选择卧铺的下铺。飞机座位最好选择靠近洗手间或过道的地方。

干净的饮食

旅行中的饮食，应避免吃生冷、不干净或没吃过的食物，以免造成消化不良、腹泻等突发状况；奶制品、海鲜等食物容易变质，如不能确保新鲜，最好不吃。

运动量不要太大或太刺激

运动量太大或太刺激容易造成孕妈妈的体力不堪负荷，因而导致流产、早产及破水。太刺激或危险性高的活动最好也别参与，如过山车等。

随时注意身体状况

旅行中，身体如感觉疲劳要及时休息。如有任何身体不适，如阴道出血、腹痛、腹胀、破水等，应立即就医。孕妈妈如有感冒、发热等症状，也应及早看医生，不要轻视身体上的任何症状。

第137~138天 名画欣赏：《诱惑》

妈妈和宝宝的变化

胎宝宝体重不断增加，孕妈妈的身体也在不断地适应。这时，孕妈妈可能会感到背部疼痛，要注意预防和缓解。

这幅画的作者叫布格罗，是法国19世纪最受欢迎的画家之一。画中美丽的妈妈随性地伏在地上，拿着一只苹果，苹果又红又圆，可爱的小女孩望着妈妈，禁不住流露出了渴望的神情。整幅画充满浓浓的田园情调和美好、纯洁的视觉享受。

第139~140天 有趣故事会：《拔萝卜》

妈妈和宝宝的变化

胎宝宝会吸吮拇指了，甚至会将脚趾放到嘴中了。孕妈妈会更明显地感到胎宝宝的活动，包括那些更轻微、没有碰到子宫壁的。

小白兔在一块荒废的菜地里意外发现了一只大萝卜，小白兔拔啊拔，可是萝卜太大了，他用尽全身力气也拔不出来。这时，小猴从这里经过，小白兔请他过来帮忙。小猴跟小白兔一起使劲拽，可大萝卜还是稳稳地插在地里头。

小猴看见小白兔着急的样子，说："别着急，小猪在附近的草丛中睡懒觉，我去把他叫过来帮忙。"小猴跑到草丛中叫醒小猪一起来帮忙，可是小猪也拔不动。这可怎么办呢？他们看着露出一圈红皮的大萝卜直发愁。一头身材魁梧的小熊走过来了，小熊得知他们是在为一个萝卜而发愁，不禁笑起来："看我的！"

小熊将小兔、小猴和小猪都赶到一边去，搓了搓手掌，想自己拔出萝卜。结果，他手一滑，摔倒在地上，啃了一嘴泥，萝卜还是没有动弹。

小猴说："这样不行，我们得一个拽一个，使劲往外拔，才能拔出来。"于是他们就站成一列，小熊打头阵，后面是小白兔，小白兔身后是小猴，小猴身后是小猪。正要开始时，听见一个声音说："算我一个！"大家到处找，找不见，最后在地上发现了一只小小的蚯蚓。

大家正疑惑着，又听见蚯蚓说："我帮你们松土，让大萝卜更顺利地被拔出来。"大家觉得有道理，于是让蚯蚓在地底松土，他们再使劲儿往外拔。拔啊拔，大萝卜终于被拔出来了！

潮妈奶爸心语

这个大萝卜，可真大啊，一个人拿它没办法，只有大伙儿齐心协力，才能把萝卜从地里拔出来。宝宝你要记住，你生活在一个大家庭中，要同大家分享快乐，也要与大家共同承担责任和困难。

孕6月

你喜欢爸爸给你唱的歌吗

第21周 我越来越聪明了

我现在非常活跃，1个小时以内会活动50次，在妈妈的子宫里翻江倒海，即使是睡着的时候，也不会停下来。妈妈也许在白天感受不到我的存在，可是到晚上平静下来的时候，就会发现我的“健身运动”。要知道，这些运动能让我越来越聪明。

第141天 妈妈变出小兔子

妈妈和宝宝的变化

随着胎宝宝神经通路的建立、扩展和成熟，他越来越可以自主控制身体的动作了。

今天，孕妈妈来做手影游戏吧！

手影游戏不仅锻炼了手部，还牵动了肩部、胳膊、手腕、手指等部位，在中枢神经系统调配下完成。这样的活动能促进大脑皮层相应部位的生理活动，提高人的思维能力。利用这种原理，手影游戏能通过信息传递，促进宝宝大脑的发育。

可爱小兔子

第 142 天　带宝宝认识有趣小动物

妈妈和宝宝的变化

胎宝宝的指甲开始生长，但还没有硬化，是为了防止胎儿抓伤自己，因为他还不能随意控制手的动作。

孕妈妈可为胎宝宝准备一些常见动物的卡片，有绘画天分的妈妈最好能自己画，然后随便抽出一张，说出卡片上动物的名称和特征。这样能帮助胎宝宝辨认出可爱的小动物，增加胎宝宝的学习乐趣。

蹦蹦跳跳的青蛙

慢吞吞的蜗牛

长鼻子的大象

第143天　冥想让心绪安宁

妈妈和宝宝的变化

胎宝宝的眼睑仍然是闭合的，大脑内部接收各种感觉的部分开始和处理信息的中枢建立连接。

胎宝宝的五官正在加速发育，开始具有五种感知能力，此时要给予胎宝宝良性的刺激。而孕妈妈在怀孕时，可能会有各种各样的烦心事，那么就用冥想来调整一下杂乱的心绪，给宝宝营造一个良好的内部环境吧！

冥想的两个姿势

冥想是指集中精神进行自我呼吸，抛除心中杂念，意念集中在呼气和吸气上，渐渐地，呼吸就能变得平缓，心情也能安定下来。

姿势一

盘腿而坐，下巴微收，拇指和食指连成圆环，掌心向上，双手自然地放于双膝处，闭目冥想。

姿势二

早上起床前或晚上睡前以“大”字的姿势躺在床上，放松全身进行冥想。

Tips

孕妈妈做冥想必须知道的一些事项

服装：

孕妈妈最好穿自己感觉舒适的纯棉且宽松的衣物，最好赤脚进行练习，还要取下身上所有的装饰品。

练习瑜伽需注意的要点：

摆好姿势后，要深深地、均匀地呼吸。不要用力压迫腹部。

用餐3～4小时后再开始练习。

第144~145天 按摩提高记忆、缓解压力

妈妈和宝宝的变化

很少有比按摩更好的方法来减轻妊娠期的不适了，孕妈妈可以多尝试。胎宝宝的反应性日益增强，神经系统的工作也会更有效率。

提高记忆力的按摩法

临近分娩的孕妈妈会感到诸多不适，精神状态也会受到一些影响，你可能会发现自己似乎变“笨”了，经常丢三落四，反应也变慢了。不要担心，很多孕妇都会出现这种状况，按照以下方法按摩，有助于提高记忆力和思考能力。

1. 用一只手从脚腕出发向膝盖方向按摩，就好像要让血液向上流动一样。两手交叉对两条腿分别进行这种按摩，持续1~2分钟。

2. 用拇指和食指捏住位于大脚趾上的大脑反射区（如图所示），然后用转圈的方法进行按摩，重复2次。

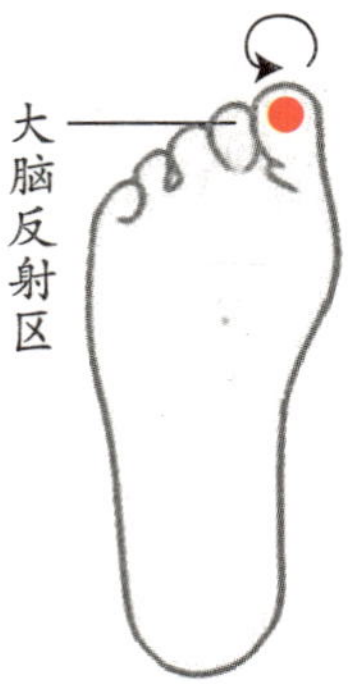

缓解压力的按摩法

身体变重使得孕妈妈很难睡得安稳，情绪波动也会比较大。按照下面的方法进行按摩，有助于减轻心理压力。

1. 在小肠反射区从上向下进行滑动摩擦，重复4~5次。

2. 在脚后跟部位的生殖腺反射区上用画圈的方式进行按摩，重复2次。

3. 用一只手抓住自己的脚，另一只手将五个脚趾一起向后扳。

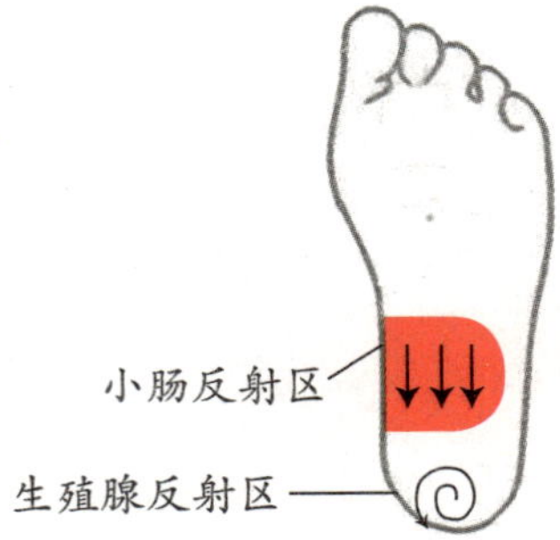

第146~147天 有趣故事会:《矮儿子们的生活》

妈妈和宝宝的变化

孕妈妈最好每天进行恢复精力的训练，会感觉好很多。胎宝宝会慢慢形成固定的活动周期，拥有自己的作息规律。

从前，有一家人住在山脚下，爸爸妈妈和四个儿子。爸爸妈妈个子挺高，可是四个儿子个头都很矮。爸爸妈妈挺担心的，儿子们个头这么小，干活儿都干不动，将来可怎么生活啊？

爸妈的忧虑，儿子们都看在眼里。有一天，儿子们对爸妈说他们要出外谋生，学一门手艺。爸妈非常担心，可是觉得他们总待在家里也学不到什么，犹豫了一阵就同意了，但是要求他们一年以后必须回家来。

一年后，儿子们按时回家了。爸妈都挺高兴，想知道儿子们学到了什么谋生的手艺。

大儿子说："我成天为了八只脚忙活。傍晚拎着灯到湖边，扔下一条粗绳子，八只脚看见灯光，就顺着绳子爬上来。等到半夜，我就能捉到二十多只。第二天我到市集把它们卖了，能得不少钱。"

二儿子说："我为了六只脚忙活。"妈妈问："是苍蝇吗？"儿子说："苍蝇太脏了。等到春天天气暖和后，我把小箱子搬到田里，六只脚就开始采花酿蜜。它们酿的蜜特别多，除了我自己喝，还能剩下许多，我就把蜜拿到市集去卖，能卖好多钱。"

三儿子说："我靠四条腿生活。去年我买了十几只，今年就变成三十多只了，一个个又肥又壮的。我就是辛苦一点儿，日子过得也不错。"

最后，最小的儿子开口了："我啊，就靠没有脚的东西过活。要是有个水塘，春天搁一桶苗进去，每天喂点儿食料，没有脚就会在水里快活地游来游去。"

听到儿子们的话，爸妈觉得很放心，高兴地笑了。

潮妈奶爸心语

宝宝，听完这个故事，你能知道四个儿子们都是靠什么过活的吗？八只脚、六只脚，一直到没有脚都是些什么东西呢？好好想一想，它们都是我们生活中很常见的东西呢！

第22周 恒牙的牙胚在发育

我清醒的时间越来越长，喜欢听来自外界的音乐、谈话。当然啦，最让我百听不厌的一定是妈妈温柔的声音。我的牙齿在这时也开始发育了，这时候主要是恒牙的牙胚在发育。

第148天 诗歌欣赏:《远方》

妈妈和宝宝的变化

孕妈妈会突然忘了要做什么，别担心，这只是“妊娠健忘”。胎宝宝的脂肪沉积很有限，皮肤很薄。

那天是如此辽远
辽远地展着翅膀
即使爱是静止的
静止着让记忆流淌
你背起自己小小的行囊
你走进别人无法企及的远方
你在风口遥望彼岸的紫丁香
你在田野捡拾古老的忧伤
我知道那是你心的方向
拥有这份怀念
这雪地上的炉火
就会有一次欢畅的流浪
于是整整一个雨季
我守着阳光
守着越冬的麦田
将那段闪亮的日子
轻轻弹唱

——安德鲁·怀斯

第149天 唱曲调优雅的《雪绒花》

妈妈和宝宝的变化

胎宝宝的生长非常迅速，身体各处的细胞都不断分化、扩张、成熟；会使用脂肪来帮助生长发育，同时也会开始储存脂肪了。

本周开始，胎宝宝可以接受英语胎教了。只要你有意愿，随时可以开始。让胎宝宝早早熟悉一下英语环境，对胎宝宝将来的学习也很有帮助呢！

Edelweiss, edelweiss,
雪绒花，雪绒花，
Every morning you greet me.
每天清晨迎接我。
Small and white,
小而白，
Clean and bright,
纯又美，
You look happy to meet me.
总很高兴遇见我。
Blossom of snow may you bloom and grow,
雪似的花朵深情开放，
Bloom and grow forever.
愿永远鲜艳芬芳。
Edelweiss, edelweiss,
雪绒花，雪绒花，
Bless my homeland forever.
为我祖国祝福吧。

Edelweiss, edelweiss,
雪绒花，雪绒花，
Every morning you greet me.
每天清晨迎接我。
Small and white,
小而白，
Clean and bright,
纯又美，
You look happy to meet me.
总很高兴遇见我。
Blossom of snow may you bloom and grow,
雪似的花朵深情开放，
Bloom and grow forever.
愿永远鲜艳芬芳。
Edelweiss, edelweiss,
雪绒花，雪绒花，
Bless my homeland forever.
为我祖国祝福吧。

第150天 知识胎教：认识“父”“母”

妈妈和宝宝的变化

孕妈妈肚子膨出的形状可能因人而异，医生会根据这些来了解胎儿发育的情况。胎宝宝的鼻梁没有完全形成，看起来就是一个“扁鼻子”。

胎宝宝在渐渐长大，最终将会离开母体，与自己的父母见面，成为家庭中的一员。那么，现在就让他来了解一下“父”和“母”的含义吧！

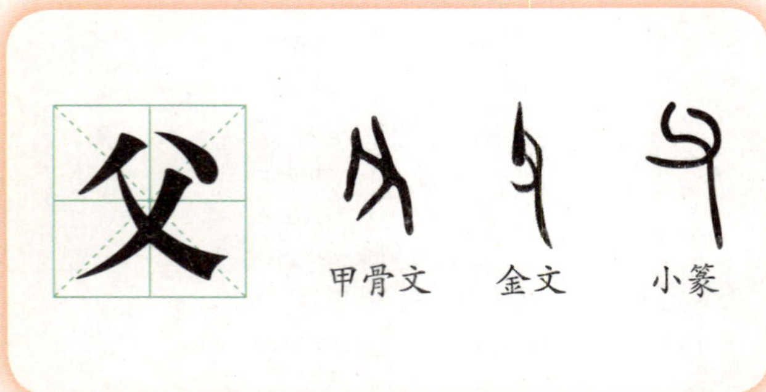

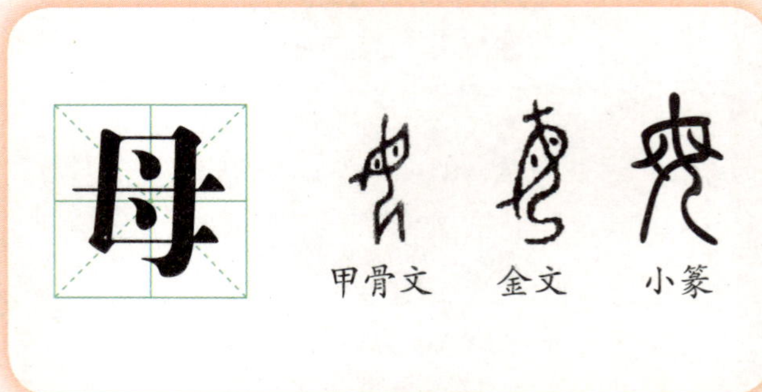

甲骨文的“父”字之形似右手持棒，意思是手里举着棍棒，督导子女守规矩的人。金文跟甲骨文差不多，而小篆则更加整齐化，隶变后成为现在楷书中的“父”字。

甲骨文的“母”字象征着一个女人双手交叉跪在地上，两点表示乳房，字形似能乳子的女人。到金文后稍微繁写，小篆则更加整齐化，隶变后成为现在楷书中的“母”字。

第151~152天　玩《愤怒的小鸟》

妈妈和宝宝的变化

胎宝宝不断地对羊水进行过滤，并储存一种叫胎便的物质。胎便是无菌的，因为胎儿的肠道中没有微生物和气体。

对于孕妈妈来讲，平稳、乐观、温和、开朗的心境，对胎宝宝的身心健康有着非常重要的意义。要知道，在生活中充满了各种各样的乐趣，只要我们有一颗乐观开朗的心，生活的精彩将无处不在。

《愤怒的小鸟》是一款非常有趣的游戏，为了报复偷走鸟蛋的胖猪们，鸟儿以自己的身体为武器，仿佛炮弹一样去攻击胖猪们的堡垒。游戏里一共有七种小鸟，每种小鸟都有自己的本领，当小鸟被弹射出去的时候，它们的叫声让人忍俊不禁。孕妈妈们，就让我们来帮助小鸟，打败那些可恶的偷蛋猪吧！

潮妈奶爸心语

这世界上每一个人都有独到之处，是别人不能取代的。我们要相信自己，不断战胜自己。

第153~154天 有趣故事会:《丑陋的小刺猬》

妈妈和宝宝的变化

孕妈妈在妊娠期的光彩照人以及突出的腹部，都在向大家宣布你是典型的孕妈妈啦！组成脊柱的椎骨包绕着脊髓，并为胎宝宝提供保护。

春天来了，森林里的动物纷纷从洞里钻出来，开心地到处游玩。可是小刺猬始终都没露面。热心肠的小松鼠就住在小刺猬隔壁，它想知道刺猬出了什么事，于是站在小刺猬的洞口问它：“小刺猬，你为什么一直闷在窝里不出来啊？”

过了一会儿，小刺猬怯生生地回答：“我，我怕看到别人。”

“那有什么好怕的？大家都非常友好呢，它们都等着能够同你交朋友。”小松鼠尽力安慰它。

“可是，可是，我，我长得太难看了，我身上全是刺，大家肯定会讨厌我的。”小刺猬犹豫半天终于说了。

“你有刺多好啊，要是大灰狼袭击我们，你还能保护我们呢，这可是优点啊！”小松鼠听完激动地说。

“可是，可是我嘴巴很笨，不知道跟别人说些什么好。”小刺猬终于怯生生地探出一个小脑袋。

“你不是也挺能说的吗？你看你刚才给自己找了那么多借口。”小松鼠打趣地说，“你随便说些什么都行，我们动物俱乐部里有好多动物，大家都随便聊。俱乐部里还有美味的蜂蜜呢，你可别错过了啊！”

听到小松鼠这样说，小刺猬终于从洞里钻出来，加入了动物俱乐部，跟大家一起享受美好的春光。

第23周 能模模糊糊看东西了

我的肺部组织及血管正在发育中，肺是宝宝最后发育完善的器官，还需要再过几个月，肺部才能完全发育。我的视网膜也已形成，具备了微弱的视觉，能模模糊糊看东西了。

第155天 诗歌欣赏：《定风波》

妈妈和宝宝的变化

有的孕妈妈坏情绪可能无处不在，可以尝试着痛快哭一场，感觉会好很多。胎宝宝的感觉发育包括听觉和平衡感，基本成熟。

今天，给胎宝宝读一首苏轼的词吧！看到“竹杖芒鞋轻胜马，谁怕”一句，孕妈妈是否会心一笑？对作者乐观、从容的人生态度是否心领神会？

定风波

三月七日沙湖道中遇雨。雨具先去，同行皆狼狈，余独不觉。已而遂晴，故作此词。

莫听穿林打叶声，何妨吟啸且徐行。竹杖芒鞋轻胜马，谁怕？一蓑烟雨任平生。

料峭春风吹酒醒，微冷，山头斜照却相迎。回首向来萧瑟处，归去，也无风雨也无晴。

第156天 音乐胎教:《爱之梦》

妈妈和宝宝的变化

孕妈妈会结识一些新朋友，跟女性亲属的关系会更好。胎宝宝的耳朵已经足够成熟，可以识别声音了，他的听觉会越来越好。

这首《爱之梦》，是匈牙利作曲家李斯特所作的，主旋律表达的是：爱吧，能爱多久就爱多久。这是不是也是你现在最想表达的？亲爱的小天使，我爱你，能爱多久就爱多久。

什么时候听

只要孕妈妈有心情，在任何时间——无论是早晨、午睡前或是晚饭后，你都可以打开音响，让这甜美的旋律飘扬起来。

怎么听

胎教音乐的背景以孕妈妈的感受舒适为宜，听几次也由你自己决定，也可以当作生活的背景音乐。最关键一点，不要强迫自己听，不给自己加任务，一切顺其自然，这样才能达到真正愉悦心情的目的。

关于这首曲子

当初李斯特创作《爱之梦》时，灵感是来自弗莱里格拉特的诗歌《爱吧》。

爱吧，能爱多久，愿爱多久就爱多久吧。
你的心总得保持炽热，保持眷恋，
只要还有一颗心对你回报温暖。
只要有人对你披露真诚，你就得尽你所能，
教他时时快乐，没有片刻愁闷！

乐曲刚开始就是甜蜜的调子，充满着爱的柔情和愉悦。这一旋律重复一遍后，乐曲随着情绪的波动变得更加热情，旋律渐渐上扬，充满了幸福的味道。在梦一般美丽的旋律中，恋恋不舍地结尾。

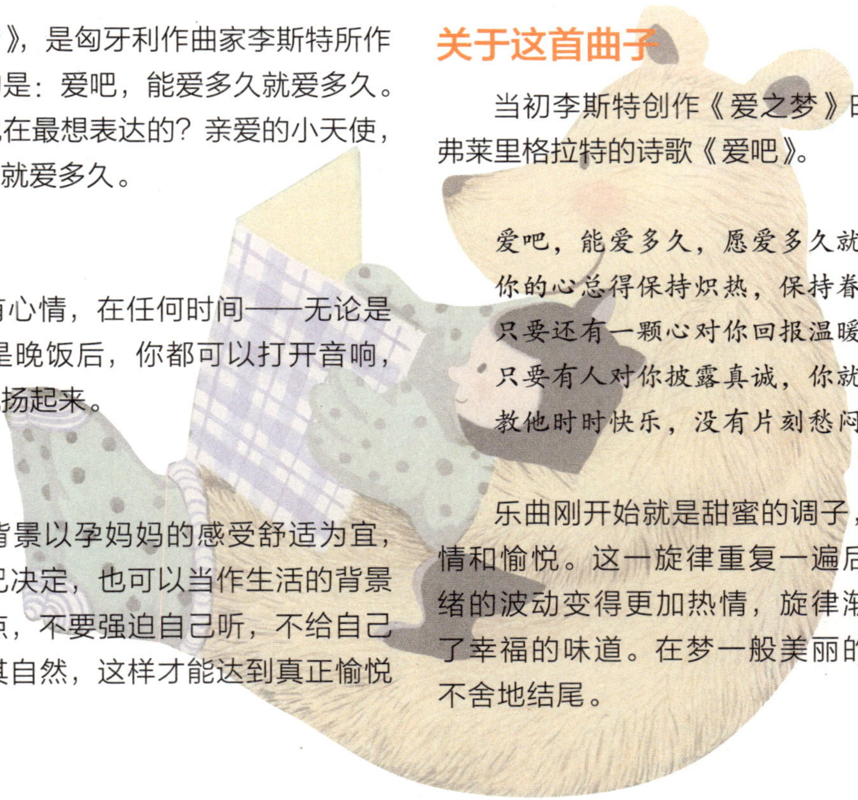

第157天 有趣的手指健脑操

妈妈和宝宝的变化

孕妈妈偶尔会出现头晕，这在妊娠期很正常，并不意味着任何健康问题。胎宝宝已经有了听觉，现在，令人惊奇的是，胎儿开始发育记忆力了。

手指健脑操不仅可以用于健脑，而且能加强血液循环，使呼吸平稳，还有预防妊娠期高血压的作用。

挤压

手大大地张开，食指与拇指尖相触，恢复伸直。然后以中指、无名指、小指做同样的动作。双手同时进行，反复3次。

弯曲

手指大大地分开，弯曲拇指，触及掌心，然后伸直、弯曲、伸直，快速做30次。

开放

十指伸直，指尖相触，同时将右手拇指向上伸，左手拇指往手掌内部伸，调动拇指动作，反复30次。

按摩

用拇指和食指在指甲部位的正面和反面按摩。每次用力均匀，每指数十次。

第 158~159 天　营养胎教：缓解妊娠水肿

妈妈和宝宝的变化

孕妈妈的身体变得笨拙，连走直线都比较困难了。胎宝宝有了手掌抓握反射，轻触手掌，就会握紧拳头；还可以有意识地吸吮拇指，而不是随机动作。

孕妈妈由于下腔静脉受压，血液回流受阻，在孕中后期，足踝部常常会出现体位性水肿，经过休息后消失。如果休息后水肿仍不消失，或水肿较重又无其他异常时，称为妊娠水肿。此时可以多吃冬瓜来缓解。

冬瓜

性味归经：性凉，味甘、淡，归肺、大肠、小肠、膀胱经

适宜人群：一般人都可食用，特别是水肿的孕妈妈

主要营养：膳食纤维、维生素 B_1、维生素 B_2、维生素 C、钙、磷、铁等

满分搭配

虾 + 冬瓜 ✔ 帮助孕妈妈吸收钙

猪肉 + 冬瓜 ✔ 预防贫血、促进食欲

海带 + 冬瓜 ✔ 清热利尿、去水肿

冬瓜鲤鱼汤

原料　鲤鱼 500 克、冬瓜 1000 克。

调料　料酒 10 克，白糖、葱段、姜片各 5 克，盐 3 克，胡椒粉 1 克，植物油适量。

做法

1. 冬瓜去皮、去瓤，洗净，切片；鲤鱼去鳞、去鳃、去内脏，洗净。
2. 锅置火上，倒油烧热，用姜片擦拭锅底，放入鲤鱼煎至金黄色。
3. 锅中加适量清水，放入冬瓜、料酒、盐、白糖、葱段、姜片同煮。
4. 煮至鱼熟瓜烂，拣去葱、姜，用胡椒粉调味即可。

第160~161天
有趣故事会:《爱思考的小欧拉》

妈妈和宝宝的变化

孕妈妈明显感受到怀有宝宝，身为母亲的感觉日益强烈。胎宝宝看起来已经比较成熟了。

欧拉是世界上著名的数学家，不过，这个大数学家小时候居然还被学校除名了呢！

事情是因为星星而引起的。那个时候，小欧拉在教会学校念书。小欧拉有一次问老师：“老师，天上到底有多少颗星星啊？”老师为难了，他可真不知道这个答案，因为教会学校只教学生上帝的事情，他们认为一切都是上帝创造的。于是老师对欧拉说：“甭管天上有多少星星，你只要知道，这全都是上帝嵌上去的就行了。”

欧拉特别奇怪：“天那么高，那么大，也没有扶梯，上帝是怎么把星星镶嵌上去的呢？既然星星都是上帝镶嵌的，他肯定会知道星星一共有多少颗啊！”

欧拉这样说，可把老师气坏了，小欧拉居然开始怀疑起上帝来，这是对神明的不敬。于是学校开除了小欧拉，他只能回家帮爸爸放羊去。

小欧拉回家后，一面放羊，一面自学。爸爸的羊越来越多，有一百只了，得造一个更大的羊圈。他拿尺子量出一块长40米，宽15米的地，算下来每只羊能有6平方米的地，篱笆就长（15+40）×2=110米。可动工的时候发现他的材料只能建100米的篱笆。父亲很为难，欧拉却说没问题。

他以一个木桩为中心，将之前的40米长截成25米，宽15米延成25米，变成25米边长的正方形。这样正好100米的篱笆长，而羊圈的总面积比之前还略大一些。

爸爸特别高兴，欢欢喜喜地按照欧拉的建议造了羊圈，可是心里头又觉得他这么聪明，放羊实在可惜。于是，爸爸想办法让欧拉结识了大数学家伯努利，经过伯努利的推荐，1720年，欧拉13岁的时候，成了巴塞尔大学的学生，他是这所学校最年轻的大学生。

潮妈奶爸心语

聪明的小欧拉也跟牛顿一样，是个好奇宝宝，肯开动脑筋，遇到什么事情都会仔细考虑一番。宝宝，你要不要向他们学习呢？

第24周 感受到妈妈的喜怒哀乐

虽然我看起来比较瘦，但很快就会增加脂肪了。我这时候在妈妈的子宫中占据了相当大的空间。我现在会踢腿，或者用小手捅妈妈的子宫，那是我在对外面的声音和触摸做出回应，能感受到喜怒哀乐了。

第162天 火眼金睛找不同

妈妈和宝宝的变化

从现在开始，胎宝宝将被定义为“可存活的”，如果孕妈妈发生流产，在我国目前的条件下，生存概率仍很低。

请孕妈妈和胎宝宝一起来为下面两幅相似的图画找不同吧！一共有五处细微的区别，找到一处就用笔画一个圈作为标记。这个小游戏可以锻炼观察能力和持续关注力，现在就开始吧！

第 163 天　名画欣赏:《音乐课》

妈妈和宝宝的变化

胎宝宝有了脂肪和一层坚韧细胞的保护，皮肤的抵抗力增加了。孕妈妈有可能会发生腿抽筋，可以做轻柔的按摩来缓解。

英国画家莱顿的这幅作品，描绘了音乐课上的场景。小女孩依在温柔的女教师胸前，弹拨着六弦琴，表情非常认真专注，显得天真烂漫，可爱无邪。孕妈妈看了这幅画后，是不是想自己腹中的宝宝也是这样聪明、专注呢？

第164天 顺产瑜伽

妈妈和宝宝的变化

怀孕有时候会让孕妈妈感觉到自己体内带着一个“暖气片”，这是由于体重和血液循环增加造成的。胎宝宝的外形越来越像新生儿了。孕妈妈要多练习瑜伽，能加强肌肉的强度，帮助更好地控制自己的气息，并帮助顺利分娩。

很多妈妈对于分娩既充满了期待又有很多的顾虑，期待看到宝宝，又害怕分娩过程中的疼痛。现在，妈妈来学习一下助力分娩的练习操和瑜伽，缓解一下紧张的身心，帮助妈妈顺利分娩。

转球蹲功

做法

1. 坐在球上，小腿与地面垂直，大腿与地面平行。

2. 将骨盆内侧打开，尾骨内收，轻轻浮坐在球上。

3. 深吸气，吐气时以顺时针方向转动骨盆，自然呼吸，转动5~10次以后换成逆时针旋转。做5组。

第165~166天 名曲欣赏:《雨之歌》

妈妈和宝宝的变化

胎宝宝的肺脏是最晚发挥作用的器官，现在肺正迅速发育着。孕妈妈可以适当播放音乐，让自己放松，让胎宝宝对节奏做出反应。

作曲家勃拉姆斯曾经说过:“我最美好的旋律都来自克拉拉。”克拉拉是一位钢琴演奏家，她是音乐家舒曼的妻子，勃拉姆斯的师母。勃拉姆斯深爱着克拉拉，但从未越过理智的堤坝，他把对克拉拉的思念全部用音乐来表现。今天孕妈妈就来欣赏勃拉姆斯创作的这首爱的旋律——《雨之歌》吧!

怎么听

休息的时候，孕妈妈可坐下来聆听这首曲子，感受它倾诉般的深情，相信你一定会为之感动。

《雨之歌》是一首小提琴奏鸣曲，或许也是勃拉姆斯最充满柔情的乐曲之一。有一些精细的乐句和行云流水般的旋律，使人隐约感受到抒情的、田园诗般的风格。优雅、亲近、直抵人心，仿佛是与灵魂的对话。这首乐曲有三个乐章，联系紧密、浑然一体，散发着浪漫温馨的气息。第三乐章中钢琴部分连绵不断的八分音符隐喻着淌落的雨滴，引发人对美好时光的怀念。

它的主题是在勃拉姆斯的一首歌曲《雨之歌》的基础上发展而来的。歌词写道:“唤醒我的童年和梦想吧，雨呵，忆起我那些旧时的老歌。”孕妈妈是不是也被唤起了怀旧之情?脑海里是否也出现了一个风景如画的地方呢?将心灵深处那些美好的记忆分享给胎宝宝吧!

关于这首曲子

这是勃拉姆斯献给克拉拉的一首曲子，是他在风景如画的奥地利沃特湖畔的乡村写就的。当时克拉拉正遭遇不幸，她失去了女儿，大儿子被送进精神病院，小儿子又患上肺结核。勃拉姆斯非常关心她和她的孩子。但是细细品味这首曲子，发现它并不单纯是一首抒发悲哀情调的乐曲，而是充满了内敛的情感和自然的气息。

潮妈奶爸心语

阿飞想上天，去跟外星人玩。他画了梯子，拼命地顺着梯子往上爬，终于上天啦！宝宝，你也想上天跟外星人玩吗？那你想造什么东西上天呢？

第167~168天 有趣故事会：《阿飞上天玩》

妈妈和宝宝的变化

怀孕已经六个月了，仍要保持良好的生活习惯，继续日常锻炼，继续健康饮食，让您和胎宝宝都受益。

阿飞特别喜欢画画，但每次画画课上他交上去的作业总是长长的梯子。老师问："阿飞，为什么你总要画梯子呢？"阿飞说："因为我想上天啊，我想去天上找外星人玩。我要把梯子画得长长的，一直通到天上去。这样，我就能顺着梯子爬上去跟外星人玩了。"

听到这话，老师和全班同学都哈哈大笑。同学们都取笑他，哪里有什么外星人啊，都是他自己瞎编的。可是阿飞真的相信这个世界上有外星人。他自己还画过一个外星人呢，头上有两根长长的天线，胳膊上有两只大翅膀。

有一天，阿飞的梦想成真了，他顺着自己画的梯子一直往上爬，爬啊爬，居然真的爬上天了！

梯子另一头是一个绿色的星球，好漂亮啊，有各种各样的花草树木，跟地球上一样漂亮。可奇怪的是，这个星球上的人行动都不是靠走的，他们都跟袋鼠一样一蹦一跳的。阿飞也学着他们的样子一蹦一跳地往前移动，他跳得正开心的时候，一个外星人迎面过来了。呀，他跟阿飞之前画的那个外星人长得一模一样呢！

"阿飞你好，我是卡卡。"这个外星人主动跟阿飞打招呼。哎呀，他居然还知道阿飞的名字！原来，卡卡经常到地球来玩，有好几次，都是停在阿飞的窗台上，看阿飞画画呢！不过他怕吓着地球人，每次都是隐身的，所以阿飞那会儿没看见他。

阿飞跟卡卡玩得非常开心，卡卡还请阿飞吃外星球的各种奇怪的糖果，教他隐身的把戏，还跟他一起吹魔法泡泡。阿飞玩得开心极了，高兴地放声大笑。这笑声顺着梯子一直传回家里。爸爸对妈妈说："你看，这小子在天上玩得可真开心啊！"

孕7月

做些让胎宝宝更聪明的胎教

第25周 抓住自己的脚嘬个不停

我舌头上的味蕾正在形成，所以在这时候已经可以品尝到食品的味道了。我的敏捷程度超出了妈妈的想象，我可以轻松地抓住自己的脚，并津津有味地嘬个不停。

第169天 笑一笑：哪里景色好

妈妈和宝宝的变化

由于体重的增加，孕妈妈可能会出现妊娠纹，会在分娩后慢慢变浅。棕色脂肪组织已经出现，这些会为胎宝宝在出生后提供体热和能量。

今天，孕妈妈可以读些有趣的幽默故事，让自己的心情好起来，让胎宝宝也来分享！

哪里景色好

爸爸带着儿子气喘吁吁地爬到山顶。

爸爸说："快看哪，我们脚下的一片平原景色多好啊！"

"既然下面的景色好，我们干吗要花三个小时爬到上面来呢？"

第170天 戏曲欣赏：黄梅戏《天仙配》

妈妈和宝宝的变化

在孕妈妈的子宫中，有天然的温度调节系统，能保证胎宝宝不会感冒。

戏曲是中华民族文化的一部分，有博大的内涵、悠长的韵味。现在，孕妈妈和胎宝宝就来欣赏黄梅戏《天仙配》的名段《夫妻双双把家还》吧！

黄梅戏《天仙配》描述的是玉帝最小的女儿七仙女和董永的爱情故事。穷书生董永卖身葬父，七仙女在天上看到了人间的情况，同情爱恋之余，不顾天规，在大姐的帮助下，下凡与董永结成夫妻，并用仙术将董永的工期由三年缩短为百日。当夫妻二人工满回家时，对以后的日子充满了向往，他们在回家路上的唱词就是《夫妻双双把家还》。

女：树上的鸟儿成双对，
男：绿水青山带笑颜；
女：从今再不受那奴役苦，
男：夫妻双双把家还；
女：你耕田来我织布，
男：我挑水来你浇园；
女：寒窑虽破能避风雨，
男：夫妻恩爱苦也甜；
男女：你我好比鸳鸯鸟，比翼双飞在人间。

大部分孕妈妈都听过这熟悉的唱段吧，再来回味一下舒展的旋律和浓浓的韵味，并在欢快跳跃的弦乐伴奏下感受七仙女和董永的归家喜悦之情吧！

在不久的未来，三口之家的美好生活即将开始，下班后飞奔回家，只为尽快亲亲宝宝的小脸。

第171天 学习帮助分娩的拉梅兹呼吸法

妈妈和宝宝的变化

有些食物会让孕妈妈消化不良，但可以采取措施来缓解和预防。

拉梅兹呼吸法也被称为心理预防式的分娩准备法。掌握了这种分娩呼吸方法后，能够减缓生产时的疼痛，加速生产进程，有助于顺利轻松地进行生产。从孕7月开始，孕妈妈就可以进行练习了。

练习前要做的准备工作

室内可以播放旋律优美的胎教音乐。孕妈妈在客厅地毯上或在床上盘腿而坐，在音乐声中，将自己完全放松，眼睛注视在某一点上。

拉梅兹呼吸法的5个步骤

产程阶段	名称	操作方法
分娩开始时	胸部呼吸	孕妈妈在感觉到子宫收缩时，用鼻子深深吸一口气，用嘴吐气，反复进行，直到阵痛停止再恢复正常呼吸
子宫收缩每2~4分钟1次时	嘻嘻轻浅呼吸	用嘴吸入一小口空气，保持轻浅呼吸，让吸入和吐出的气量相等。注意要完全用嘴呼吸，保持呼吸高位在喉咙，就像发出“嘻嘻”的声音。练习时间由连续20秒起慢慢加长，直至一次呼吸练习能达到60秒
子宫收缩每60~90秒1次时	喘息呼吸	先将空气排出后，深吸一口气，接着快速做4~6次短呼气，感觉就像在吹气球。练习时由一次呼吸练习持续45秒慢慢加长至一次呼吸练习持续90秒
阵痛开始	哈气呼吸	先深吸一口气，接着短而有力地哈气，如浅吐1、2、3、4，接着大大地吐出所有的气，就像在吹一件很费劲的东西。练习时每次需达90秒
子宫颈口全开	用力推	下巴内收，贴胸，用力使肺部的空气压向下腹部，完全放松骨盆肌肉。换气时，保持原有姿势，马上把气呼出，同时马上吸满一口气，继续憋气和用力，直到宝宝娩出。每次练习时，至少要持续60秒用力

第 172~173 天　多做点帮助呼吸的运动

妈妈和宝宝的变化

从现在开始，由于基因的作用，胎宝宝的发育会有明显的差异。

胎宝宝脑部快速发育，产生了大量的脑细胞，需要足够的氧气和营养。孕妈妈应多做一些能促进呼吸的运动。

抬头呼吸

1. 两脚分开，与肩同宽，将双臂放平。

2. 再将双臂缓缓地举向上方，与此同时，抬起自己的脚后跟。

舒展背部

1. 双臂上举，吸入空气再从口中慢慢吐出。

2. 上半身向前弯曲。注意保持背部挺直，脖子稍稍上抬，两眼凝视前方；待身体弯曲至与双腿成直角后再次吸入空气，弓起背部，慢慢让上半身恢复原位。

潮妈奶爸心语

小妍妍有这么多美丽可爱的梦，还梦见自己有了翅膀，在空中飞来飞去，跟花儿和小鱼儿聊天。宝宝，你会做什么样的梦？

第174~175天 有趣故事会:《做白日梦的小女孩》

妈妈和宝宝的变化

孕妈妈可能会听到各种有关分娩的事情，不要害怕，做好充分的准备。

妍妍是个活泼可爱的小姑娘，脑子里有各种各样稀奇古怪的想法。不仅如此，妍妍每次都会做各种神奇的梦，在梦中她是超人，是大侠……还有各种新奇有趣的经历。爸爸妈妈都说妍妍是个做白日梦的小姑娘，成天做一些不着边际的梦。

暑假的日子好漫长啊，妍妍到外婆家去避暑，小舅舅在念大学，也在家过暑假。小舅舅每天四处去逛，就是不带妍妍，看妍妍伤心了，就给她买各种玩具。有一天，小舅舅给妍妍买了一盘碟回来，呀，是妍妍最喜欢的《花仙子》！妍妍看啊看，看到半夜了还舍不得去睡觉。后来是外公出来关了电脑，强行把妍妍撵到床上去睡的。

妍妍躺在床上还在想《花仙子》的情节。想啊想，不知道什么时候，她好像来到了一片美丽的草地上，这里有很多很多长着翅膀的小姑娘，她们身上的翅膀跟纱一样薄，轻轻拍一下翅膀就飞起来了。妍妍也试着挥了一下手臂，发现自己也飞起来了，呀，自己也变成了一个长翅膀的小仙女！

妍妍跟那些仙女一起在花丛中翩翩起舞，花丛中的小蜜蜂忙忙碌碌的，妍妍跟他说话，他都不搭理。小花儿对妍妍说："你别理他，他可忙了。等他忙完这一段时间，他自然会来找你玩的。"妍妍便跟漂亮的小花儿聊起天来。聊了一会儿，另外几个小仙女挥舞着翅膀飞过来："妍妍，你愿意和我们去看那边的小湖吗？湖里有各种各样漂亮的小鱼儿。"妍妍于是依依不舍地同小花儿告别，跟随那些小仙女飞到一个漂亮的湖。

这湖可太漂亮了，湖水清清亮亮的，连湖底的水草和小石子都看得一清二楚。金色、红色、绿色、白色、紫色、蓝色……各种颜色的漂亮小鱼儿在水里游来游去。小鱼儿热情地跟妍妍打招呼："妍妍，你要不要下来跟我们玩啊？"

妍妍很高兴，一头往水里扎进去。水好凉……她突然惊醒了。抬眼一眼，见不到小鱼儿，只见舅舅正往自己脸上洒水呢！原来刚才的一切都是一场梦。

第26周 听着外面的欢声笑语，我会拍手称乐

本周是我听力和视力发育的一个重要里程碑。我的听力系统（耳蜗和外耳感觉末端器官）在第18周开始发育，现在已经完全形成了，我对声音越来越敏感。外界的声音通过子宫传进我的耳朵，会帮助我的耳朵发育。

第176天 诗歌欣赏：《竹枝词》

妈妈和宝宝的变化

孕妈妈可以开始上分娩课程了，帮助了解妊娠、分娩和产后的知识。胎宝宝的面部轮廓很清晰了，能看清鼻子、嘴唇、下巴的线条。

今天，孕妈妈来读首古诗，和宝宝一起感受诗歌中美好的意境，体会诗人的情感。

竹枝词 刘禹锡

杨柳青青江水平，闻郎江上踏歌声。
东边日出西边雨，道是无晴却有晴。

这首诗采用了民间情歌常用的双关手法，含蓄地表达出微妙的恋情，尤其是最后一句的“晴”与“情”谐音，妙趣横生。

第177天 带领宝宝玩转光影世界

妈妈和宝宝的变化

胎宝宝大脑的表面非常平整，但随着皮质的成熟，会形成六个明显的层次，变成人们熟悉的大脑沟回。

光照胎教可以训练胎宝宝的视觉功能，还能帮助他明白昼夜的规律。孕妈妈来尝试一下吧！

实施方法

光照胎教最适宜的时间是晚上8点~9点或9点~10点，这是胎宝宝胎动活跃的时期。孕妈妈用手电筒的微光，一闪一灭地照射腹部，反复3次。你可以一边做，一边和胎宝宝说话，例如告诉他“现在是晚上，我们玩一会儿，然后我们可以听听音乐，睡个好觉，再做个好梦”。

注意事项

特别应该注意的是光影胎教切忌用强光照射，且时间不宜过长。一定不要在胎宝宝睡觉时进行，否则会打扰到胎宝宝的正常生理周期。

孕妈妈在做光影游戏时，可以用手电筒照，也可以沐浴阳光，让胎宝宝进入光影的世界。

第178天 营养胎教：蔬菜和水产品不可少

妈妈和宝宝的变化

虽然要花几年时间来了解孩子的个性，但胎宝宝在子宫中已经形成了某些偏好。

这一时期，胎宝宝的大脑正在迅速发育，准爸爸可以给孕妈妈做一些营养丰富的新鲜蔬菜和鱼类，在补充孕妈妈营养的同时，也可以帮助胎宝宝的脑细胞核进行分裂。

蒜蓉菠菜

原料 菠菜200克、蒜蓉15克。

调料 姜末、盐各3克，香油少许，植物油适量。

做法

1. 菠菜去根，择洗干净，焯水，盛出切段。
2. 锅置火上，倒油烧至五成热，下姜末、蒜蓉爆香，倒入菠菜翻炒至熟，点香油即可。

剁椒蒸带鱼

原料 净带鱼段400克、剁椒30克。

调料 葱末、姜末各5克，料酒10克，盐3克。

做法

1. 带鱼段洗净加盐、料酒和姜末腌渍20分钟，摆入盘中，铺上剁椒。
2. 蒸锅水烧开，将带鱼放入，大火蒸8分钟左右撒上葱末即可。

第 179~180 天　你会玩胎动游戏吗

妈妈和宝宝的变化

胎宝宝可以用手和脚做一些协调的运动了，如握拳、抓住自己的脚趾等。

聪明活泼的胎宝宝很喜欢妈妈温柔的抚摸，当你抚摸腹部的皮肤时，胎宝宝通过触觉能力可以感知到你的存在，还会跟你进行互动呢！坚持做胎动游戏，会让妈妈和宝宝更亲密。

第一步

保持舒服的姿势，等待宝宝做出踢肚子的动作。如果感觉到宝宝开始踢你了，要立刻轻拍踢中的部位。只要重复几次这一动作，胎宝宝就会再次开始踢那个位置。

第二步

如果感觉到胎宝宝做出了反应，就可以进行第二步了。找到胎宝宝踢中的部位，轻轻拍打，引起宝宝反复踢那个部位的兴趣，这时孕妈妈可以说一些鼓励和表扬的话。当然，如果没能达到这一步，也不要失望，只要多尝试几次，一定可以收到效果。

第三步

如果第二步也获得了成功，就可以继续进行了。一边开始念“啪啪”，一边拍打腹部两次。这时，你会觉察到宝宝相应传来两次踢的动作。是不是非常有趣？

Tips

在休息放松时做最有效

每天最好做 2~3 次胎动游戏，并且最好在休息放松的时候进行。也许最初不会有明显的反应，但是只要坚持不懈地尝试，就能达到与胎宝宝进行交流的目的。

第181~182天 有趣故事会：《智惩大灰狼》

妈妈和宝宝的变化

孕妈妈可能会做梦，这是睡眠周期中自然和健康的一部分。这时候，令人不安的梦境会经常出现。

一个晚上，一只大灰狼悄悄溜进树林里，踩着了一串喇叭花。喇叭花赶紧变成小喇叭播报起来："大灰狼来啦！"听说大灰狼来了，小动物们没有吓得四处躲藏，他们正要找机会治治大灰狼呢！

大灰狼偷偷摸摸地溜到一间红房子跟前，透过窗户一看，哎呀，屋子里全是老虎，大的、小的，都在张牙舞爪，发出吓人的吼叫声。大灰狼吓得背部直冒汗："天哪，这可是老虎大王的家呢，我还是赶紧走掉的好。"于是大灰狼夹着尾巴溜掉了。

大灰狼一走，一只小白兔就从衣柜后面蹦出来，呵呵地笑。原来，墙上的小老虎是小白兔自己画的，对面墙上的大老虎呢，是拿放大镜照出来的。那些吓人的老虎吼叫声都是小白兔买来的碟片。就这样，小白兔吓跑了大灰狼。

大灰狼看到一座小木屋，木屋里依稀有几个晃动的身影："嗯，先拿这几个小鬼来充饥吧！"他猛地向屋子冲去。"哎呀！疼死我了！"大灰狼捧着狼爪痛得哇哇叫，一屁股坐在了地上，立刻像弹簧一样弹起来，捂着屁股打滚。

"哈哈哈！"几只小刺猬快活地从小木屋的窗口探头探脑。它们早就把带刺的衣服脱下来，铺在门口等着大灰狼呢！

大灰狼一瘸一拐地离开了这里，满肚子的火。突然间，他看到前面有一棵香肠树！大灰狼"噌"地一下蹿起来，把树上挂着的香肠吞下肚去。

"哎哟哟。"大灰狼很快捂着肚子惨叫着昏死过去了。"哈哈哈。"小狗往树上的这根香肠注射了药水，所以大灰狼会疼昏过去。

半夜时候，大灰狼终于醒过来了，可头还是昏昏沉沉的，他摇摇晃晃地走到一间小茅屋前，看见了一只雪白的小山羊。大灰狼快活得要命，向小山羊猛扑过去。只听得"嗷"的一声，大灰狼就倒在地上，再也没醒过来。

原来，这只小山羊是一只带电的机器羊，大灰狼就这样被电死了。树林里的小动物们都高兴地拍手跳舞起来。

潮妈奶爸心语

大灰狼这个坏蛋，人见人厌，小动物们都想法子来治它呢！宝宝，你觉得小动物们的这些方法够不够好？

第27周 我已经学会打嗝了

我的大脑活动在27周时已非常活跃。大脑皮层表面开始出现特有的沟回，脑组织快速增长。我现在会常打嗝，每一次通常只持续几分钟。孕妈妈不用担心我会因为打嗝而不舒服哦！

第183天 胎教音乐：《月光》

妈妈和宝宝的变化

孕妈妈停下来休息时，会发现胎宝宝开始活跃起来了，请把这看作胎儿一切正常的表现。胎宝宝的脐带会随着胎儿的生长而增加。

这首《月光》是德彪西的作品，曲子非常幽静，孕妈妈来感受一下吧！

什么时间听

孕妈妈在入睡前听，能镇静和催眠；在烦躁的时候听，能平静心情。

怎么听

孕妈妈一边听着优美的钢琴曲，一边轻拍肚子，想着月色幽静的景色，会感到心旷神怡，这可以让胎宝宝和孕妈妈同时进入梦乡。

关于这首曲子

《月光》是德彪西早期代表作《贝加马斯卡组曲》中的第三曲，创作于1890年。组曲不但旋律优美，而且运用了色彩极其丰富的和声。

了解了这首曲子的背景，妈妈是不是更能感受到月光和生命的美好？

第184天 跟宝宝玩手电筒的游戏吧

妈妈和宝宝的变化

胎儿的眼睛和视觉慢慢成熟，开始睁开眼睛了。随着孕妈妈子宫壁越来越薄，进入子宫的光线会不断增多，胎宝宝会转过去面向较强的光线。

胎宝宝在妈妈的肚子里不断成长，现在对光线越来越敏感了。今天，孕妈妈就可以在胎宝宝醒着的时候进行视觉功能训练了，这对胎宝宝的视觉发育很有帮助。

训练方法

方法一

每天用手电筒紧贴孕妈妈的腹部，照射胎宝宝的头部，每次持续5分钟左右。结束时，可以关闭、开启手电筒数次。

方法二

孕妈妈可以在天气晴朗的时候，在阳光温暖的地方晒晒肚皮，这样也能起到让宝宝见见光线的作用，还能补充一定的维生素D。

Tips

光照胎教注意事项

1. 进行光照胎教，可以扩大宝宝的视觉范围，帮助宝宝形成白天醒、晚上睡的周期规律，还能促进宝宝神经反射的发展。

2. 进行光照胎教时，尽量记录下宝宝的反应。

3. 宝宝是非常娇嫩的，不要用强光，照射时间也不要过长。

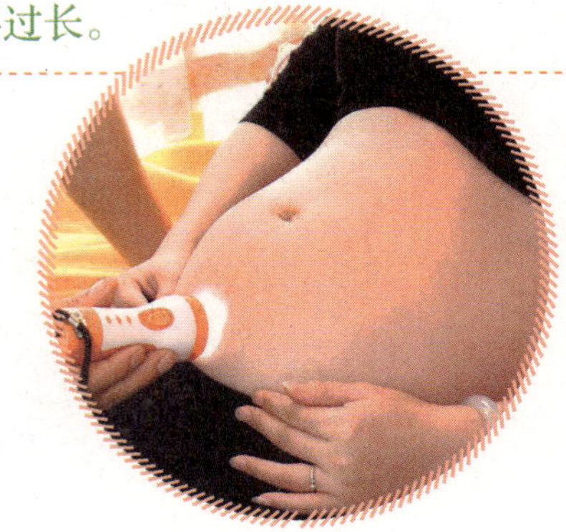

第185天 准爸爸讲笑话：千万别喝水

妈妈和宝宝的变化

孕妈妈保护宝宝的天性越发展露无疑。胎宝宝经常伸舌头，尤其是在吞咽一大口羊水前后。

准爸爸要开始讲笑话了，宝宝已经非常熟悉爸爸的声音了，一听到爸爸浑厚深沉的嗓音就会显得非常开心。

修雨靴

一场大雨过后，小灵拖着爸爸的一双大雨靴玩水。雨靴破了个洞，进水了。小灵想：这好办，只要再开个洞，让水流出去就行了。于是，他用剪刀在靴底又开了一个洞。可是雨靴里的水越积越多。小灵叹气了：“到底要开几个洞，水才能出去呢？”

千万别喝水

宝宝不小心，吞下一粒橘子核。邻居小弟弟对他说：“你千万别喝水，我哥哥说‘种子得到了水分和养料，就会发芽、生长’。你要喝了水，头上就会长出橘子树来！”

雨天求伞

一个下雨天，一位夫人走进一家咖啡馆询问侍者道：“我昨天在这里喝完咖啡后，有没有留下一把雨伞？”“是什么样子的伞呢，太太？”“随便什么样子都行，只要是伞就行！”

伞状蘑菇

儿子：“爸爸，蘑菇是长在潮湿的地方吗？”

爸爸：“是啊，长在爱下雨的地方。”

儿子：“噢，怪不得蘑菇要长成伞的形状！”

第186~187天 儿歌简笔画：电扇

妈妈和宝宝的变化

胎宝宝的生殖器官已经发育就绪，男性胎儿的睾丸已经下降，女性胎儿的卵巢已经产生了所有的卵泡。

今天，孕妈妈来作画吧，可以给你的画涂上漂亮的颜色。当然，也可以尝试一下用最简单的白纸和黑色碳素笔来画一幅黑白画。因为新生儿对黑白的图片更加敏感，所以孕妈妈的画作还可以留着给胎宝宝出生后看，这些都是用来衡量宝宝记忆能力的必备道具。

1. 圆脸娃娃真可爱

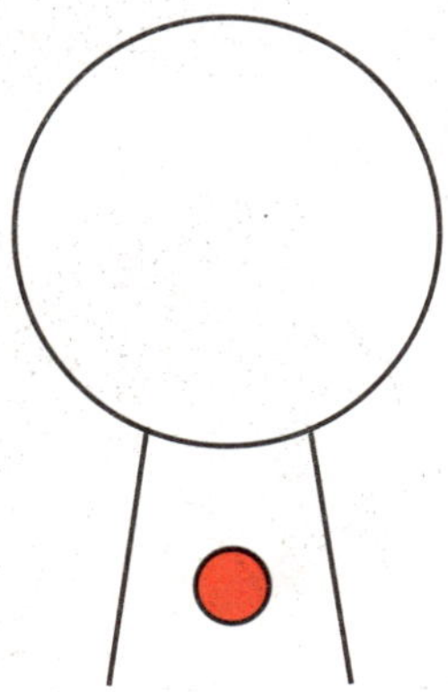

2. 胸前戴朵大红花

3. 坐在凳上看电视

4. 心里高兴笑开花

潮妈奶爸心语

宝宝，皮球软软的，能够弹起来，因为它肚子里有气，特别轻，所以会浮在水面上。你明白小熊为什么会用这个办法了吧？

第188~189天 有趣故事会:《捞皮球》

妈妈和宝宝的变化

每一天，胎宝宝都在成长，孕妈妈对胎宝宝活动的感觉会更加清晰。

森林里住着好多好多小动物，他们都是好朋友、好伙伴，从小一起长大，天天在一起玩耍，形影不离。

有一天，几个好朋友到绿油油的草地上去玩皮球。谁想到，小熊力气大了一点儿，把皮球投到了草地边上一个大大的树坑里。这个树坑很深，小伙伴们都不敢下去。球捡不上来，没有别的东西可玩，大家都很着急，无精打采的。

小鸡只有一张尖尖的小嘴，她伸长脖子，想用尖嘴把皮球给啄上来，但是够了半天，连皮球的边都碰不着。

小象想用自己的长鼻子把皮球吸起来，可是坑太大了，他伸长了鼻子也够不到。

小猴不知道从哪里找了根树枝过来，可是他够啊够，也够不着皮球。

本来皮球掉下去的时候是午后，现在都过去几个小时了，还是想不到办法。大家都蹲在坑边发呆，小猪觉得又困了，本来是坐着的，这会儿干脆躺下来。正当他迷迷糊糊的时候，突然听见一句："有办法了！"吓得他打一个哆嗦，赶紧坐起来。

原来是小熊在说话，小熊两眼亮晶晶的，满脸自信的微笑，他对大家说："我想出办法了。坑里现在是干的，要是我们把坑里灌满水，皮球自然就能浮到水面上来了。那么我们就能捞到它了！""是啊是啊，爸爸告诉我，说皮球软软的，是因为里面有气，在水里会浮起来。"小狗也激动地补了一句。

于是大家立马精神起来，纷纷找工具去拎水。小熊回家找妈妈要来了一个小水桶，用小水桶从附近的小河里拎水过来。小花猫回家拿了一个脸盆，小狗帮忙，他俩一起抬着水往坑里灌。小象呢，他的长鼻子就是最好的工具。他用鼻子到河里一下一下地吸满水，然后再把这水喷到树坑里。树坑里的水越来越多了，皮球也一点一点浮了起来。这下子，小象伸出长鼻子一吸，就把皮球吸到了。

小伙伴们又到草地上高高兴兴地扔皮球玩了。不过这一次，小熊可不敢太使劲了。

第28周 我是文静还是活泼，妈妈应该知道了

大脑组织的数量有所增加，眉毛和睫毛生长得更加完整。经过半年多的相处，妈妈应该也知道我的性格了吧？

第190天 认字儿歌唱起来

妈妈和宝宝的变化

在此时，孕妈妈的事业和母亲角色的平衡感将被打破，要根据自己的情况规划好自己何时休假、何时回归岗位。

人

先撇后一捺，
人字不分家。
入字捺出头，
分手便是八。

大

一人大，二人天，
天上太阳大一点。
大苹果，香甜甜，
分给大家尝尝鲜。

小

竖勾站中间，
撇点挂两边。
小孩变魔术，
小大合成尖。

耳

横下两竖有短长，
小二耳朵里面藏。
古代有个大笨蛋，
掩耳盗铃真荒唐。

第191天 古诗欣赏:《春江花月夜》

妈妈和宝宝的变化

胎宝宝已经形成了固定的作息规律，这种规律和他在出生后几周内的情况相似。

准爸爸，让我们来朗诵一首优美的唐诗给胎宝宝听吧！要知道，唐诗是中华文化的精髓，无数优美诗歌被人们代代传唱。这些诗歌所表达出来的美丽意境，不但陶冶了准爸爸的情操，也影响着胎宝宝。

春江花月夜 张若虚

春江潮水连海平，海上明月共潮生。
滟滟随波千万里，何处春江无月明？
江流宛转绕芳甸，月照花林皆似霰。
空里流霜不觉飞，汀上白沙看不见。
江天一色无纤尘，皎皎空中孤月轮。
江畔何人初见月？江月何年初照人？
人生代代无穷已，江月年年只相似。
不知江月待何人，但见长江送流水。
白云一片去悠悠，青枫浦上不胜愁。
谁家今夜扁舟子？何处相思明月楼？
可怜楼上月徘徊，应照离人妆镜台。
玉户帘中卷不去，捣衣砧上拂还来。
此时相望不相闻，愿逐月华流照君。
鸿雁长飞光不度，鱼龙潜跃水成文。
昨夜闲潭梦落花，可怜春半不还家。
江水流春去欲尽，江潭落月复西斜。
斜月沉沉藏海雾，碣石潇湘无限路。
不知乘月几人归？落花摇情满江树。

这首诗以写月开始，以写月落结，在从天上到地下这样广阔的空间中，从明月、江流、青枫、白云到水纹、落花、海雾等众多的景物。由春江引出海，由海引出明月，又由江流明月引出花林，引出人物，转情快意，前后呼应，若断若续，使诗歌既完美严密，又有反复咏叹的艺术效果。

第192天 动动脑猜字谜

妈妈和宝宝的变化

胎宝宝打哈欠的动作更加协调，经常连续出现好几个；眉毛、睫毛和头发都在生长着。

下面的谜语都是打一个字，孕妈妈快来猜猜看，顺便还可以教胎宝宝认字呢！

题目

1. 手无寸铁
2. 文武两全
3. 日落香残，洗凡心一点
4. 木字多一撇
5. 付出爱心
6. 半部春秋
7. 一勾新月伴三星
8. 一人一张口，口下长只手
9. 十个哥哥
10. 银川
11. 格外大方
12. 半青半紫
13. 走出深闺人结识
14. 皇帝新衣

答案

1. 控 2. 斌 3. 秃 4. 米 5. 受 6. 秦
7. 心 8. 拿 9. 克 10. 泉 11. 回 12. 素
13. 佳 14. 袭

第193~194天 名画欣赏:《摇篮》

妈妈和宝宝的变化

胎宝宝的眼睑在多数情况下是闭着的，有时候，小手会放在眼前，能防止手指碰到眼球。

纱帐中，熟睡的宝宝纯洁安静，母亲手抚摇篮，温情凝视。温馨的母子之情从画面上弥漫开来，相信孕妈妈对此会有很深切的共鸣。看着贝尔特·莫里索的这幅画，你是不是觉得对腹中小宝贝的爱意更加浓厚了呢?

第195~196天

有趣故事会：《寻找快乐的小花籽》

妈妈和宝宝的变化

羊水的量在这个时间达到最大值，胎宝宝会有很大的活动空间。

有一粒黑亮亮的小花籽，轻手轻脚地从妈妈的怀里溜出来。它跟妈妈生长在一个漂亮的公园里，经常听见有人说起“快乐不快乐”的话题。可是“快乐”到底是什么东西？它问妈妈，妈妈笑着说：“等你长大就知道了。”

可是小花籽觉得自己已经长大了，既然妈妈不告诉它，它就要自己出去寻找答案。

小花籽在路上走着，暖融融的阳光照在身上，真舒服啊！它抬起头来问太阳：“太阳公公，你快乐吗？”太阳乐呵呵地摸着金胡子说：“快乐啊！我当然快乐了。我给大家带来阳光和温暖，大家都很喜欢我。”

小花籽看见一只漂亮的小鸟在草地上歇息，它便走上前去问：“小鸟小鸟，你快乐吗？”小鸟叽叽喳喳地说：“快乐啊！我给大家带来美妙的歌声，大家都很喜欢我。”

一只小蜜蜂在花丛中飞来飞去地采花粉，忙碌个不停。小花籽走过去问：“蜜蜂蜜蜂，你快乐吗？”蜜蜂嗡嗡叫着说：“快乐啊！我辛勤劳动，把甜美的蜂蜜送给大家，大家都喜欢我。”

小花籽走到水塘边，看见小青蛙正在捉虫。小花籽问道：“小青蛙，你快乐吗？”小青蛙呱呱叫着回答：“我快乐啊！我当然快乐了。我为大家捉害虫，大家都喜欢我。”

小花籽看到大家都很快乐，可是它自己却不快乐，也不知道快乐是什么。于是它请微风阿姨帮帮它。风阿姨带着小花籽在空中飘呀飘，飘过了大河，飘过了草原，飘到了一片半山腰上。这里被白雪盖住了，什么都看不见。小花籽觉得这里很好，于是留了下来，它要在这里生活。

等到春天来了，天气暖和了，这一粒黑亮亮的小花籽变成了一棵绿色的小苗，它长啊长，最后开出了一朵漂亮的大红花，香味一直飘到很远很远的地方。山上的小动物们都来看它，还有许多爸爸妈妈带着小朋友来看它呢！小花籽这时候已经变成了大红花，看到大家这么喜欢它，它觉得特别快乐。

潮妈奶爸心语

宝宝，你知道真正的快乐是什么吗？就是像故事中的小花籽一样，让别人也感到快乐。

孕8月

时睁时闭的小眼睛

第29周 我能转头避开光线了

我的大脑神经元细胞正在飞速地生成，因此我的头部也在继续增大。现在，由于脑波运动，我甚至能够做梦了。我现在视觉发育很好了，有光线照射时，我的脖子会向着光线的方向转动。

第 197 天 认识“爱”这个字

妈妈和宝宝的变化

在这一阶段出生的胎宝宝仍需要呼吸的辅助，但由于肺的成熟，出生后的生存率比之前有了明显提高。

看到“爱”这个字，孕妈妈是否就一下子觉得有一股暖意从心底涌出？妈妈对孩子总是充满了无限的爱。爱是一种发自于内心的情感，字典中它有着许多意义。现在，就来一起翻翻字典，了解一下“爱”这个字吧！

爱

动词，对人或事物有很深的感情。

动词，喜欢。如爱游泳。

动词，爱惜，爱护。

动词，常常发生某种行为，如爱哭。

名词，姓。

第198天 音乐胎教：《走天涯》

妈妈和宝宝的变化

此时，螺旋的脐带将胎盘和胎宝宝连在一起，胎盘在出生以前是胎宝宝的生命支持系统。

对于胎宝宝来说，爸爸妈妈的声音就是世界上最美妙的音乐，所以爸爸妈妈在有空的时候，来哼一哼好听的歌吧，胎宝宝会非常享受的。

走天涯（叶贝文）

月亮依旧停在旷野上，
你的身影被越拉越长，
直到远去的马蹄声响，
呼唤你的歌声传四方。
举头望天只见雁两行，
低头泪水为我卸了妆，
伤心凭栏相思涂满墙，
彻夜无眠爱的路太长。

你的脚步流浪在天涯，
我的思念随你到远方，
谁的眼泪在月光中凝聚成了霜，
是你让我想你想断肠。
你的脚步流浪在天涯，
我的思念随你到远方，
如果今生不能与你结呀结成双，
来世化蝶依偎你身旁。

这首歌轻松明快，而且带有浓郁的民族风，歌词意境悠远，很适合爸爸妈妈哼给胎宝宝听。

第199天 多双慧眼发现生活中的美

妈妈和宝宝的变化

孕妈妈开始感觉自己的身体被巨大的肚子占据了，需要更好地照顾自己。

美育胎教要求孕妈妈通过听、看、体会等方式，将自己对美的感受通过神经中枢传递给胎宝宝。

听，即听音乐。在欣赏音乐时，孕妈妈可以选择一些主题丰富、意境饱满的作品。比如贝多芬的《月光奏鸣曲》、肖邦的《英雄波兰舞曲》、维瓦尔第的《四季》等，这些乐曲主题鲜明，能促使人们产生美好的情怀，有利于胎宝宝心智的发育。

看，即阅读和欣赏优秀的文学、绘画作品。孕妈妈可以读一些中外名著，比如俄国作家屠格涅夫的散文，我国古代诗词，外国诗人普希金、雪莱等的诗歌，安东尼·德·圣-埃克苏佩里的小说《小王子》以及国内外专门为宝宝们创作的优秀文学绘本等。孕妈妈在阅读这些文学作品时一定要边看，边思考，边体会，强化自己对美的感受，这样胎宝宝才能受益。

另外，孕妈妈还可以看一些名画，比如中国的山水画、西方的油画等。可以特意挑选一些反映母爱或儿童主题的作品，如美国女画家卡萨特的《洗澡》《蓝色沙发上的小女孩》或布格罗的《小淘气》《诱惑》等。在欣赏这些美术作品时，别忘了调动自己的理解力和鉴赏力，将美的体验传递给胎宝宝哦！

体会，指贯穿在听、看活动中的一切感受和领悟。孕妈妈可以适当地到大自然中走动走动，呼吸一下新鲜空气，体会一下大自然的生机勃勃，也许会对生命的顽强有所感悟呢！这个过程会让孕妈妈产生很愉快的心情，对胎宝宝的脑细胞和神经发育也有很好的促进作用。

第 200~201 天 营养胎教：鱼让胎宝宝更聪明

妈妈和宝宝的变化

孕妈妈可能会出现背痛，这在妊娠期并不是不可避免的，需要提前预防。

准爸爸露一手的时间又到了。这一周，孕妈妈应该吃一些营养丰富的海洋食物，它们富含的营养成分与胎宝宝眼睛、皮肤、牙齿和骨骼的正常发育关系密切。今天推荐准爸爸为孕妈妈做清蒸黄花鱼。

清蒸黄花鱼

材料 净黄花鱼 1 条。

调料 葱丝、姜丝各 5 克，料酒 10 克，盐 4 克，蒸鱼豉油适量。

做法

1. 黄花鱼洗净，鱼身打花刀，用葱丝、姜丝、料酒和少许盐腌渍 20 分钟。
2. 蒸锅置火上，加水烧开后，将腌好的鱼大火蒸 12 分钟左右取出。
3. 锅内加油，烧至八成热，将热油均匀地浇在鱼身上，淋上蒸鱼豉油即可。

第202~203天 有趣故事会：《父子扛驴》

妈妈和宝宝的变化

胎宝宝的外表已经基本发育成熟，但内部的许多器官还需要进一步发育，甚至妊娠结束后，一些器官仍然在发育中，比如脑和肺。

从前，有个父亲带着儿子到集市卖驴子。驴子在前面，父子俩在后面走。碰上一个路人说："这两人真傻啊，明明有驴子，还让驴子空着。"

父亲觉得这话有道理，于是让儿子骑在驴子上，自己牵着绳子在旁边走。迎面碰见一个熟人，这个人急坏了："哎呀，你怎么能这么娇惯孩子呢？你应该让孩子多锻炼，让他下来走。"父亲想想，的确有理，于是自己骑驴，让孩子在后面慢慢悠悠地走。

走着走着，他俩又遇见了一个挤牛奶的女工。女工看到这一幕，忍不住讥讽道："哎呀，这个父亲可真是狠心啊，自己骑在驴背上舒服自在，而让这么小的孩子在旁边走路。看这孩子路都走不稳，真够可怜的。"

"嗯，你这话也挺有道理的。"父亲觉得这样对儿子不公平，于是，让儿子也上了驴子。可怜这头驴子要驮着两个人，腿肚子都在打战，只能一步一步晃悠悠地往前挪，口里都快吐白沫了。不过，父子俩并没发现驴子的异常情况，还高高兴兴地在驴背上晃来晃去。

驴子蹒跚地走到教堂旁，长长喘一口气，停了下来。教堂前的一名牧师把父子俩叫住了："哎，请等一等。你们两个人倒是挺舒服，可让这么瘦弱的驴子驮着你们俩，它真够可怜的。你们打算上哪里去？"

"我们打算上集市去把这头驴子卖掉。"

"啊，这样可更不成了。你们这样子，不等进市场，驴子说不定就累死了。即便是不死，累得气喘吁吁的驴子估计也没人会买。"

父子俩听到这话也觉得有道理，于是听从了牧师的建议，把驴子扛着走。他们一路向前走，一路碰见的人都惊讶万分，天哪，还有这么蠢的人，居然不放驴子下来自己走，这么费劲地扛着它！父子俩扛着驴子，一步一步向前挪动。驴子被扛在空中，四

潮妈奶爸心语

宝宝，这个世界上有各种各样的人，每个人的想法都不一样。宝宝你一定要找准自己的方向，不要总是被其他人的话所左右，失掉自己的幸福与快乐啊！

只脚不能着地，又被绳子勒得慌，喘不过气来，十分痛苦，忍不住扭动起来。父亲还很气愤：“驴子，你也真是的，身在福中不知福，我们俩扛着你这么辛苦都忍着，你居然还动来动去的。”他们经过河边时，绳子断了，驴子一头栽进了河里。这个时节正好是河水很大的季节，一股洪流冲过来，驴子一下子就被冲走了，再也看不见，只剩下父子俩傻呆呆地在河边站着。

第30周 我会睁眼闭眼了

脑部在继续快速地发育，大脑和神经系统已经发达到一定的程度，大脑的发育非常迅速，皮下脂肪继续增长。我的眼睛可以开闭自如，大概能够看到子宫中的景象，还能辨认和跟踪光源。

第204天 教胎宝宝认识红色吧

妈妈和宝宝的变化

孕妈妈的子宫中并不是完全黑暗的，随着妊娠的继续，进入子宫的光线会越来越多，胎宝宝会慢慢理解这些信息。

经过前面一段时间的胎教，胎宝宝已经从孕妈妈那里学到了不少东西。今天孕妈妈来教胎宝宝认识颜色，进一步培养胎宝宝的思维能力吧！

孕妈妈可以拿起一个红色的物体，例如红色卡片、红色气球、红色丝巾等，不断地对胎宝宝说："这是红色的。"然后再拿出另外一个红色物体，告诉他："这也是红色的。"然后把所有的红色物体放在一起，告诉胎宝宝："这些都是红色的。"

认识颜色的时间最好固定，要在胎宝宝醒着的时候进行。在教的时候，尽量重复"红色"这个词，避免提到其他颜色。其他颜色可留在以后慢慢教。

红色花瓶

第 205 天　继续英语启蒙

妈妈和宝宝的变化

胎宝宝的神经系统继续发育，但是还不够成熟，还感觉不到疼痛、温度，也没有触觉。

现在，胎宝宝的听力已经相当完善了，时刻倾听着外面的一切。胎宝宝已经能够辨认出妈妈的声音了，当外界的声音响起时，胎宝宝也会做出反应并产生胎动，这就是胎宝宝学习的表现。所以，从现在开始，孕妈妈不妨对胎宝宝做一些英语胎教，给胎宝宝进行英语启蒙。

孕妈妈可以经常性地跟胎宝宝进行一些简单的英语对话，将自己看到的、听到的事情用英语来描述给胎宝宝听。例如“Baby，I love you”“That is a rose”“It’s a nice day”，等等。

在家时，也可以放一些英语儿歌给胎宝宝听。

Mary Had A Little Lamb

Mary had a little lamb,
little lamb,
little lamb.
Mary had a little lamb.
Its fleece was white as snow.
Everywhere that Mary went,
Mary went,
Mary went.
Everywhere that Mary went,
the lamb was sure to go.

Happy Birthday

Happy Birthday to you.
Happy Birthday to you.
Happy Birthday Dear,
Happy Birthday to you.
Happy Birthday to you.
Happy Birthday to you.
Happy Birthday Dear,
Happy Birthday to you.

第206天 动手给胎宝宝做卡片

妈妈和宝宝的变化

胎宝宝大脑的神经正在成熟。孕妈妈还有精力来购物和帮助装饰的时候，开始给宝宝布置房间吧！

DIY总是能够让人心情愉快，因为只需要你花一些小心思，动动手，就会拥有一件独一无二的小作品。孕妈妈今天就来尝试做一下吧！

花儿相框

1. 用硬一些的纸板或彩色卡纸裁成长方形当底板。

2. 把白卡纸裁成比底板稍小一些的长方形，贴在底板上面，这就是一个相框。

3. 把踏青采回的小野花粘在白卡纸上，或者用家里剩下的包装纸、碎布头剪出你想要的形状粘上去。

4. 配上漂亮的蝴蝶结和装饰品，美丽的相框就做好了！

第207~208天 准爸爸多抚摸宝宝

妈妈和宝宝的变化

有时候，胎宝宝会打嗝，这是孕妈妈、准爸爸感觉胎动最好的机会。因为打嗝会持续比较长的一段时间，而踢脚和撞击可能是非常随机的。

妊娠7个月后，由于胎宝宝的进一步发育，将手放在孕妈妈的腹部便能清楚地触到胎宝宝的头部、背部和四肢。今天，就让准爸爸来跟胎宝宝交流一下感情，摸摸胎宝宝的小胳膊、小腿吧！

触摸顺序

可由头部开始，然后沿着背部到臀部再到肢体，要轻柔有序，当胎宝宝感受到触摸的刺激后，会做出相应的反应。

触摸时间

可选择在晚间9时左右进行，并需要长期坚持，每次5~10分钟。在触摸时要注意胎宝宝的反应，如果胎宝宝是轻轻的蠕动，说明可以继续进行；如果胎宝宝用力蹬腿，说明你抚摸得不舒服，胎宝宝不高兴了，此时就要停下来。

一边爱抚一边跟宝宝说说话

准爸爸可以一边抚摸胎宝宝一边同胎宝宝说说话，这是父爱的具体表现，胎宝宝能够通过听觉和触觉感受到父爱的温暖。

晚上，准爸爸躺在妻子身边，可以和胎宝宝谈谈今天发生的趣事。例如：“小宝宝，现在是晚上了，爸爸下班了。今天爸爸路过公园，看到那里的桃花都开了，特别漂亮！”当胎宝宝活动剧烈，妻子受不了时，可以告诉他：“宝宝，这样会让妈妈难受的，要乖哦！”

只要准爸爸有耐心，和胎宝宝的谈话对于胎宝宝的成长是相当有益的。

第209~210天 有趣故事会：《蠢汉和毛驴》

妈妈和宝宝的变化

孕妈妈还需要几周，血容量才会达到高峰，但循环系统的负荷已经超过了以往任何时候。当胎宝宝下降到骨盆中后，呼吸困难会有所减轻。

有个农夫蠢得出奇，常常被人骗。这天，他牵着家里的驴子到山坡上去吃草，路上见到两个骗子。

一个骗子特别善于看人，通过看这人的外貌、打扮，他就能猜出这个人是做什么的，是聪明还是蠢笨。看到这个蠢笨的农夫，骗子很想卖弄一把，便说："这个家伙蠢死了。你相不相信，我能够把他的驴子骗到手？"另一个骗子不相信，哪能一眼就看出来别人是蠢还是聪明呢？再说了，哪有人那么容易就被骗的？于是大骗子就跟另一个骗子打赌，赌注是一个月的晚饭。

大骗子鬼鬼祟祟地走到驴子前面，悄悄将笼头卸下来，套在自己头上，跟在蠢汉后面。另一个骗子乘机将驴子牵走。等到大骗子猜想同伴已经把驴子牵走，于是便站住不动了。蠢汉拽不动绳子，很是纳闷，回头看一眼，呀，驴子不见了，笼头上套着的是个大活人！蠢汉吓得半天说不出话来。

大骗子把笼头从脖子上取下来，说："有什么好怕的，我不就是你的毛驴吗？"

然后，大骗子一本正经地说，他是个酗酒的烂赌鬼。有一天晚上，他喝得醉醺醺的回家，他妈妈劝他不要再喝酒了。他不仅不听妈妈的劝说，还举起拐杖冲着妈妈劈头盖脸地打过去。他妈妈伤心极了，向安拉祷告，请求安拉惩罚这个不孝子。于是安拉就把他变成了一头愚蠢的驴子。可是后来，他妈妈不忍心看到儿子受苦，又请求安拉让儿子恢复原貌。

蠢汉听了这话，还以为是真的，于是连忙向骗子道歉。

蠢汉两手空空地回家了，老婆没看到驴子，问他出了什么事。他就流着眼泪将刚才发生的悲惨事情又叙述了一遍。老婆听了这话也以为是真的，赶紧跪下来向安拉祈祷，以为丈夫做错了什么事情，安拉才会这样惩罚他。

过了一段时间，老婆发觉，家里没有驴子还真是麻烦，给钱让蠢汉上集市再买头驴回来。蠢汉来到集市，有一头毛驴他一眼就相中了，正掏钱的时候，觉得这驴子非常熟悉。仔细看一眼，就是他以前的那头驴子。蠢汉于是走过去，凑到驴子跟前准备说话。驴子看见了主人，高兴极了，兴奋得大叫起来。可是蠢汉悄悄说：“这次我才不信你的话呢，你肯定是又喝醉了。”

说完，蠢汉转头就回家了，没有买驴子。

潮妈奶爸心语

宝宝，这个故事好笑吧？这个世界上，真的有这样的蠢汉吗？

第31周 我是会学习的小天才

我的肺部和消化系统已基本发育完成，从现在起，身高增长趋缓而体重迅速增加。脸部的皱纹减少了很多，胳膊和腿都变得丰满起来。我会辨认颜色了，是个能记忆、会学习的小小天才啦！

第211天 孕妈妈插花，装扮温馨居室

妈妈和宝宝的变化

胎宝宝会将大部分时间花在睡觉上，而不是一直清醒着；胎宝宝打哈欠的频率将和出生后几周之内的水平相似。

实施方法

孕妈妈可以在一间灯光柔和的房间里，尽量地放松自己，使自己的身体和精神都达到稳定的状态。选好自己喜欢的花朵和容器，根据自己的兴趣插出理想的效果，也可以参考一些专门的插花类书籍。

花儿与容器色彩搭配小妙招

就花材与容器的色彩配合来看，素色的细花瓶与淡雅的菊花有协调感；浓烈且具装饰性的大丽花，配釉色乌亮的粗陶罐，可展示其粗犷的风姿；浅蓝色水盂宜插低矮密集的粉红色雏菊或小菊；晶莹剔透的玻璃细颈瓶宜插非洲菊加饰文竹，并使其枝茎缠绕于瓶身。

第212天 认识数字

妈妈和宝宝的变化

孕妈妈会发现，有时候胎宝宝特别活跃，有时候更为安静；子宫中还有空间供胎宝宝互动，但孕妈妈会发现胎宝宝的踢脚会经常出现在一个地方。

今天，孕妈妈来教胎宝宝认识数字吧！

孕妈妈准备儿童认数卡片（可以去书店买，也可以自己制作），然后找个舒适的地方坐下，面带微笑，心中想象胎宝宝认真学习的样子，手抚摸胎宝宝，用清晰的声音从“1”念到“10”，还可以给宝宝念儿歌，把儿歌中的画面传递给胎宝宝。

1像铅笔会写字，2像鸭子水中游，
3像耳朵听声音，4像小旗迎风飘，
5像称钩来买菜，6像哨子吹声音，
7像镰刀来割草，8像麻花拧一道，
9像蝌蚪尾巴摇，10像铅笔加鸡蛋。

Tips

胎教不拘泥于形式

不论教宝宝什么，重要的是将学习内容与生活紧密地联系在一起，也就是说胎宝宝出生后，用身边的东西进行实物教学是最有效的。

第213天 准爸爸讲百科：清明节

妈妈和宝宝的变化

孕妈妈会惊奇地发现，胎宝宝会不断地尝试各种表情，在这一刻可能还噘嘴，在下一刻可能会打呵欠、做鬼脸，或者安静地入睡。

今天，准爸爸为妈妈和宝宝讲一讲清明节的意义和来历吧！

清明节的起源

清明节是我们中国人为纪念先祖而设立的节日，最早出现于商朝。那时“河上柳原宵烟尘上，尔户欢频旦夕鼓乐”，一派欢乐祥和的景象。它相当于中国最早的斋戒节，后来又与寒食节合而为一。

清明节的习俗

扫墓 人们要携带酒食果品、纸钱等物品到墓地，将食物供祭在逝去的亲人墓前，再将纸钱焚化，为坟墓培上新土，折几枝嫩绿的新枝插在坟上，然后叩头行礼祭拜祖先，悼念已逝的亲人。

年轻男女谈情说爱 清明节，还有情人节的含义。这春光明媚的节日，正是谈情说爱的好时节。春秋战国时期，年轻男女会相约郊原踏青，以桃花相赠是当时年轻人时尚的风气。

户外活动 清明节其实还是我国最早的体育活动节，那时候放风筝、荡秋千、斗鸡、蹴鞠等是非常时兴的体育项目。再加上踏青、登山这样的活动，内容十分丰富，深受人们喜爱。

植树 清明前后，春阳照临，春雨飞洒，种植树苗成活率高，成长快。因此，自古以来，我国就有清明植树的习惯。

第 214~215 天　什么是圆

妈妈和宝宝的变化

胎宝宝在子宫中，以及在出生后最初的几个月内，都是依靠母体的免疫系统来对抗感染的。

今天孕妈妈来教胎宝宝认识圆形。孕妈妈要有意识地引导胎宝宝发现周围圆形的东西，并告诉胎宝宝它们是圆形的，以强化胎宝宝对圆形的认知。

认识圆形的方法

孕妈妈可以拿着一个圆圆的皮球，让皮球在地上滚来滚去，一边滚一边念儿歌："大皮球，圆又圆，滚来滚去真好玩。"皮球是圆形的，盘子也是圆形的，问问胎宝宝："还有什么是圆形的？对了，饼干、西瓜、太阳，都是圆形的！"同样的方法也可以用来认识其他形状。

圆圆的西瓜

圆圆的橙子

圆圆的足球

圆圆的太阳

第216~217天 有趣故事会:《猴子和螃蟹》

妈妈和宝宝的变化

孕妈妈开始考虑是自然分娩还是剖宫产了。最佳的分娩是在胎宝宝安全的情况下，母亲和胎儿都将创伤减少到最低。

一只猴子在路上慢悠悠地走着。走着走着，突然肚子饿得咕咕叫。"哎呀！"猴子捡到了一颗柿子的种子。可是，这颗种子太小了，根本吃不饱。忽然，猴子看到小螃蟹正在辛苦地搬运一个饭团。

猴子说："我太饿了，请分一点给我吧？"螃蟹摇摇头："对不起，我家里还有好多宝宝等着呢，给你了，宝宝们就没有吃的了。"

猴子赶紧说："那么，我用这颗柿子种子跟你交换行吗？种子虽然不能吃，可是你把它种下去，辛勤浇水，很快，它就能长成大树，每天都可以吃到很多红柿子呀！"

听到猴子的话，螃蟹觉得有道理，于是拿饭团交换了那颗小小的柿子种子。

猴子拿到饭团，三口两口就吞下肚了。而螃蟹妈妈把种子当宝贝，回到家，小心翼翼地栽种。

很快，柿子树果然结出许多红柿子。可是大树那么高大，螃蟹根本就够不着柿子啊！

这个时候，狡猾的猴子又来了，看到满树火红的柿子。猴子飞快地爬到高大的柿子树上，只顾着自己吃，还采了青柿子往树下的螃蟹们身上用力丢下去。青柿子砸中了螃蟹妈妈，它昏过去了。

第二天，螃蟹妈妈的好朋友栗子、蜜蜂和石臼来探望它，知道了这件事，决定好好教训这坏猴子。它们三个悄悄来到猴子家，埋伏起来。

栗子埋在火炉的灰堆里，蜜蜂悄悄停在水缸里，石臼藏在门口上头的屋顶上。猴子回来后冻坏了，赶紧生火烤冰冷的屁股。栗子"啪"的一声，从灰堆中弹出来，弹到猴子冰冷的屁股上。猴子以为被火苗烫伤了，哇哇大叫着打开水缸舀水冲一下屁股。它一打开水缸，蜜蜂便狠狠地蛰了它一下。猴子痛得跳脚，急急往屋外冲去。正当这时，大石臼砰地一下压住了想要逃跑的猴子。

三个伙伴狠狠教训了坏猴子，猴子又痛又羞愧，决心再也不做坏事了。这次，猴子跟着它们来到螃蟹家，诚恳地向螃蟹们道歉，又爬到树上摘下好多好多香甜的红柿子。

潮妈奶爸心语

宝宝你看，坏猴子真倒霉呀，屁股痛死了。不过，当它改正错误之后，大家都原谅了它。它帮助螃蟹们摘柿子，自己也能吃到好多柿子呢！

第32周 我现在长出脚趾甲了

我现在可能已经长出了满头的头发或者说绒毛，脚趾甲也全部长出来了。我的皮肤变得比以前透明和粉红，那是因为脂肪层在皮肤下面沉积了。我的肺和胃肠功能接近成熟，已具备呼吸能力，能分泌消化液。喝进的羊水，经过膀胱再排回羊水中。

第218天 “推、推、推”的游戏

妈妈和宝宝的变化

宝宝已经达到出生身长，但还是很瘦弱，需要增加脂肪和肌肉。

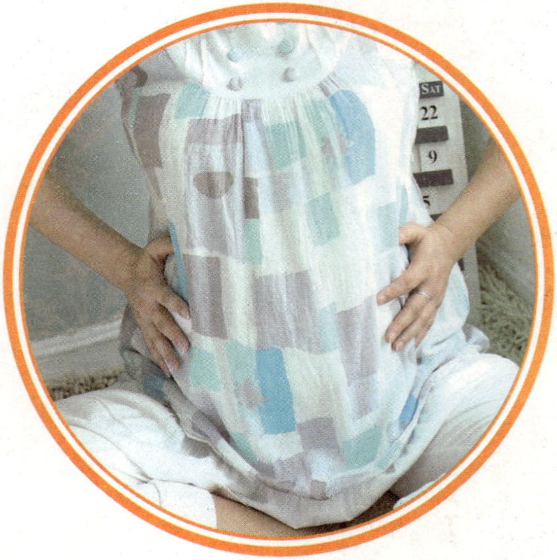

准爸妈可以轻轻从不同方位推动胎宝宝，动作一定要轻柔，感觉一下胎宝宝的反应，通常只要重复几次，胎宝宝就会响应。例如，当你轻轻推动胎宝宝，胎宝宝就会做出转身或是踢腿舞拳的动作。这样的互动实在太有趣了！准爸爸一定也要参与哦，可以一边做游戏一边与妻子和胎宝宝对话，能增进爸爸妈妈和宝宝的感情。

第 219 天　胎教音乐：《致爱丽丝》

妈妈和宝宝的变化

孕妈妈听音乐时，胎宝宝会变得更加活跃，还会随着音乐的节奏活动甚至呼吸呢！

今天，孕妈妈来欣赏下贝多芬节奏欢快的《致爱丽丝》吧！

什么时间听

上午或下午的空闲时间，孕妈妈可以播放这首曲子，享受轻松愉快的悠闲时光。

怎么听

乐曲以回旋曲式写成，环绕基本主题，有两个对比性的插段：一是带有莫扎特风格的明朗、欢乐情绪的音调，在 F 大调上呈现；二是建立在低声部的 6 音持续音上，色彩暗淡，节奏强烈，表现了孩子气的烦恼情绪。但这两个插段都比较短小，通过一连串的快速音型，很快又引回到开始时那个朴素的旋律，从而构成一个表现美丽、单纯而活泼的少女性格的音乐形象。

关于这首曲子

《致爱丽丝》塑造了温柔、美丽的特蕾泽，乐曲欢快亲切，特别在后半部分左右手交替演奏分解和弦，犹如二人亲切地交谈。

1808 年 -1810 年，近四十岁的贝多芬教了一个名叫特蕾泽 · 玛尔法蒂的女学生，并对她产生了好感。在心情非常甜美、舒畅的情况下，他写了一首《致特蕾泽》的小曲赠给她。1867 年，在斯图加特出版这首曲子的乐谱时，整理者把曲名错写成《致爱丽丝》。从此，人们反而忘记了《致特蕾泽》的原名，而称之为《致爱丽丝》了。

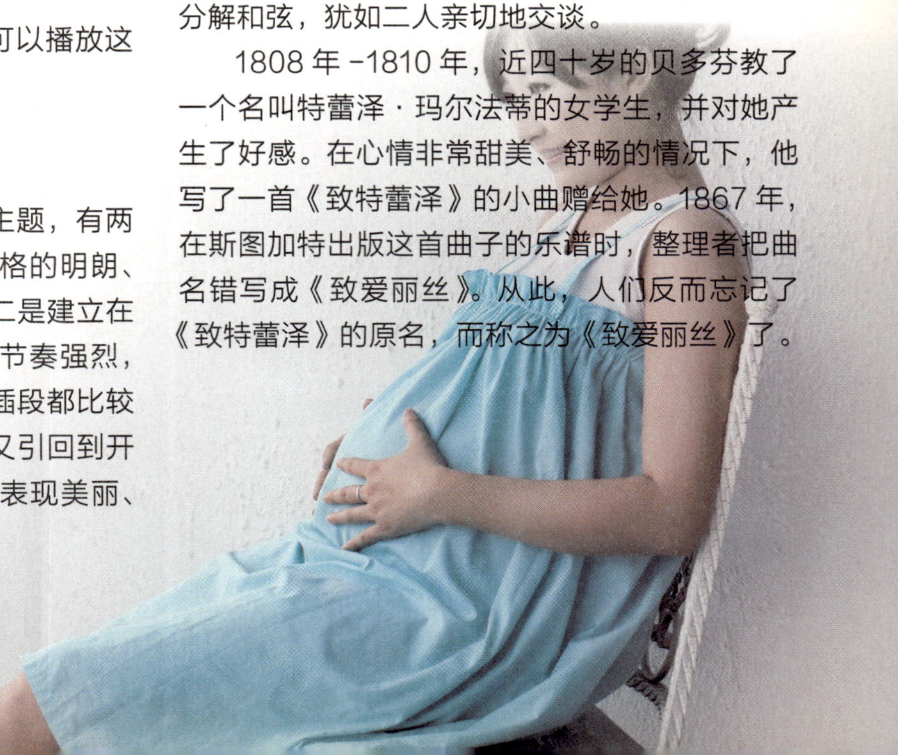

第220天 打造优美的居室环境

妈妈和宝宝的变化

随着胎宝宝肌肉组织和肌肉强度的增加，胎宝宝可以做出更复杂、更有力的动作了。

整洁、温馨的家居环境可以让孕妈妈心情舒畅，进而促进胎宝宝的成长发育。花点心思把自己的居室装扮一下，也是一种放松心情、释放对宝宝浓浓爱意的方式。

悬挂画片或照片

在空白的墙壁挂上几张可爱宝宝的照片，可让整个居室充满活力和温馨的氛围，还可以让孕妈妈产生很多美好的想象。而意境优美的风景画，可以增加居室的自然色彩，也可以引起人无限的遐思。你是喜欢可爱宝宝的照片，还是意境深远的风景画呢？抑或你还有更多更好的选择？只管根据你自己的喜好来把空白的墙壁装扮一新吧！

摆上盆花、插花

一抹绿，一点红，一缕清香。花朵能带给整个居室轻松、温柔的格调。无论盆花、插花装饰，均应以小型为佳，不宜大红大紫，花香也不宜太浓。孕妈妈身处被花朵装饰的雅致房屋里，一定会感到舒适而富有情趣。

悬挂优秀的书法作品

书法作品的内容常常是一些引人深思的名句，从中不仅能欣赏字体的美，还可以给自己更多积极的暗示，让自己更有智慧、勇气和自信。

在布置得非常优美的居室里，孕妈妈可以发展自己更广泛的兴趣，例如自己种一些花草，喂养漂亮的小鱼等，这些都能让你成为更加平和温柔的妈妈。

第221~222天
名画欣赏:《阿波罗和九个缪斯》

妈妈和宝宝的变化

胎宝宝的姿势会对分娩造成影响，不过胎宝宝还有很多时间进行调整。

居斯塔夫·莫罗是法国象征主义画家，他的作品主要从基督教传说和神话故事中取材，有很强的隐喻性。

今天，孕妈妈来欣赏一下莫罗的《阿波罗和九个缪斯》吧!

看，在这幅画中，阿波罗裸体坐在树前，神色端庄，似乎正酝酿着某种灵感，而在他的背后是九个不同个性气质的缪斯。画家用写实的手法让画面充满了神话般的诗意，并强调了神话情节的庄重感与虚幻感，将浪漫气息和象征意义完美结合。你感觉到了吗?

第223~224天 有趣故事会：《小熊换牙》

妈妈和宝宝的变化

孕妈妈如果妊娠的最后3个月碰巧遇到了夏天，那么真正的挑战就是保持凉爽和舒适。

小熊这些天特别期盼自己的牙齿能够掉下来，因为他听幼儿园老师说过，换牙就标志着小朋友长大了。幼儿园里有好多小朋友都换牙了，只有小熊嘴里的牙齿还一颗都没掉呢！

这天早上，妈妈递给小熊一个红艳艳的大苹果。小熊开心地一口咬下去，哎哟！苹果把小熊的门牙硌着了。小熊摸一摸自己的门牙，哎呀呀，门牙开始晃动了。小熊就要换牙了！

小熊上幼儿园了，课间休息的时候，大家纷纷帮小熊出主意换牙。小猪说："我掉第一颗牙齿的时候正在吃麦芽糖，我觉得牙齿肯定喜欢糖，因为我吃着吃着，牙齿就被拔下来了。一点都不疼。"

于是，小熊回家就站上小凳，把妈妈放在厨房柜子上的两大罐子蜂蜜全都吃进肚里，吃得肚子胀鼓鼓的，可是牙齿还是在嘴里晃动，而且比之前更疼了。

这个时候，小花猫过来了，手里举着一把老虎钳子说："可以试试这个办法。"大家把小熊团团按住，小熊拼命想挣扎，可是他跑得一点力气都没有了。虽然他咬住嘴唇，不让大家撬开，可是眼泪还是吧嗒吧嗒往下掉。

也真奇怪啊，大家刚刚使劲儿撬开小熊的嘴，那颗门牙就自己掉出来了。"哎呀，太好了！"大家都激动地大叫起来。小熊举着自己的牙齿眼泪汪汪的，忙碌了一整天，这颗牙齿总算掉了。

大家陪着小熊，举着这颗亮晶晶的牙齿，到森林里选了一棵最大的松树，把牙齿埋在松树底下。之后大家就在那里高兴地唱啊跳啊，一直到天黑了才回家。

在这之后，小熊又换了许多牙齿，可这一次换牙的经历是小熊最难忘的，因为有那么多朋友都帮助他把这颗牙弄下来。

潮妈奶爸心语

宝宝，你进幼儿园之后，也会开始换牙的，你会不会也跟小熊一样，吓得眼泪汪汪的？小熊换牙的时候，有那么多好朋友关心他、爱护他，让他觉得幸福，到时候你也会跟小熊一样幸福的。

孕9月

头部朝下为出生做准备

第33周 不高兴时就皱眉

我的胎位应该已经是头位了，即头在下，臀部在上，为出生做准备。我的头骨还相当软，没有完全闭合，每块头骨之间都有空隙，这种可松动结构可以使我的头在经过相对狭窄的产道时有伸缩性。我高兴时会笑，不高兴就会皱眉了。

第225天 最强大脑动动动

妈妈和宝宝的变化

随着孕妈妈腹部的增大，在走路时，自然地扶着自己的肚子。可能会需要妊娠腹带，由弹性材料制成，可以为腹部提供支持，减轻背痛。

又到孕妈妈和胎宝宝齐动脑的时间了，下面的脑筋急转弯简单有趣，来猜猜看吧！

题目

1. 小王是一名优秀的士兵，一天他在站岗执勤时，明明看到有敌人悄悄地向他靠来，为什么他却睁一只眼闭一只眼？

2. 两只狗赛跑，甲狗跑得快，乙狗跑得慢，跑到终点时，哪只狗出汗多？

3. 胖妞生病时，最怕别人探病时说什么？

4. 楚楚的生日在三月三十日，请问是哪年的三月三十日？

答案

1. 他正在瞄准 2. 狗不会出汗 3. 多保重身体 4. 每年的三月三十日

第226~227天 唤醒童年梦想的《龙猫》

妈妈和宝宝的变化

现在每40分钟，胎宝宝吞入的羊水就会把胃充满，再经肾脏排到羊膜腔中。

《龙猫》这部动画电影非常适合全家人一起观看，它可以唤醒自己童年的记忆和梦想，使你和宝宝的心灵更加相通。

什么时间看

上午、下午或晚上的休闲时光，可以拿出一个多小时的时间来观赏这部影片。

怎么看

小女孩小月和妹妹小梅跟随爸爸搬入乡下新居，澄清的小河、茂密的森林、广阔的田野，住在其中的人、鸟、兽、昆虫，夏天的闷热、大雨、突然刮起的劲风、可怕的黑夜……《龙猫》的故事就在这样优美而充满魔幻现实主义风格的田园风光中展开。这部影片为孩子们编织出了一个纯真而快乐的梦想，让他们在生机蓬勃的大自然中奔跑、飞翔，传递出作者美好的心声。

关于这部影片

这是影片的创作者宫崎骏幼年时在家乡听到的传说。年少的他也曾经在草丛中寻觅龙猫的踪迹。那段在乡下度过的美好时光，始终让成年后投身于动画事业的他念念不忘。在这个为孩子们编织的精巧的梦的感召下，《龙猫》问世了。

准爸妈看了这部影片，是不是也想要和孩子们一起去谛听大自然的声音？说不定你也可以听到身旁龙猫的呼吸呢……

第228~229天
有趣故事会：《小狐狸的鲜花店》

妈妈和宝宝的变化

胎宝宝的脸显得更加圆润了，有的会是胖乎乎的了；指甲已经长成，到达指尖。

小狐狸的花店刚开张没多久，前两天还有特别多动物上门买花呢，这两天一下子就变冷清了。鲜花卖不出去，都快打蔫了，小狐狸急坏了。

妈妈对小狐狸说："你好好想想，你有没有做错什么事情，让顾客不高兴？"

小狐狸仔细一想，哎呀，自己做错的事情还真不少。那天早晨，长颈鹿小姐打扮得漂漂亮亮的来买花，刚走进来，小狐狸正在给花喷水，不小心把水都喷在她漂亮的花裙子上了，连一句道歉的话都没说。长颈鹿小姐连花也没买，气呼呼地走了。之后海豚太太打电话要订一个大花篮，小狐狸那时正忙着打游戏呢，只顾"嗯嗯嗯"地回答，根本就没记下来送花的时间和地址。

当小狐狸说出这些事情时，妈妈气得浑身颤抖："妈妈平时是怎么跟你说的？对人要有礼貌，答应别人的事情一定要做到！你全都忘了？"

也是，都怪自己太过分，把大家都气走了，再也没谁来买花了。

小狐狸想了一整个晚上。第二天一大早，他就忙着把店里的鲜花搬到车上去。妈妈惊讶地问："你要做什么？"

"我去送花！"小狐狸扔下一句话，赶紧跳上小汽车开走了。

汽车停在一个漂亮的大花园前面，哎呀，真热闹啊！原来今天是长颈鹿小姐的生日，好多客人来给她庆祝呢！小狐狸举着一大束漂亮的鲜花进门了，老远就高叫："长颈鹿小姐，上次实在是对不起。送给您一束花，祝您生日快乐！"

"哎呀，没关系，我早就忘记那件事了。来，吃块蛋糕吧！"长颈鹿小姐高兴地说。小狐狸拿着蛋糕，真香啊，他都陶醉了。吃完蛋糕，小狐狸同大家告别，又开着车走了。

小狐狸又来到了水族馆，海豚们正在进行表演呢！看，皮球在海豚头上传来传去，特别好看。小狐狸也忍不住学着他们的样子想练习传球，刚弹了一下身子，结果就扑通一声掉进水里了。海豚先生赶紧冲过去把小狐狸救出来，小狐狸浑身是水，狼狈极了，大家看着开心地笑了。“哎呀，我是来给你们送花篮的，你们的表演太精彩了。”小狐狸赶紧说，带着一身的水跑过去把花篮抱来。

然后，小狐狸说花店还有事情要忙，拖着一身的水跟大家告别，钻进汽车里回家了。

第二天一早，小狐狸刚刚开门，就有好多好多客人来买他的鲜花。小狐狸都快忙不过来了，不过他再也没有做过不讲礼貌或是偷懒的事情了。

潮妈奶爸心语

小狐狸知错就改，赢得了大家的原谅，自己也很开心。

第230~231天　漂亮图画引发联想

妈妈和宝宝的变化

胎宝宝在子宫中不断练习呼吸，再过一段时间，胎宝宝的肺部就会成熟到能在出生后提供呼吸了。如果在33周出生，胎宝宝仍需要辅助呼吸的支持。

孕妈妈可以准备一张美丽的图片，在胎宝宝睡醒的时候，最好在晚上7点~9点之间，打开优美的音乐，眼睛看着眼前美丽的图片，想着胎宝宝和你一起看，想象胎宝宝头脑里也有这幅画。面带微笑，手摸胎宝宝，语调适中，以清晰的语言描述内容，重复三遍；闭上眼睛，进行“映像传递”五分钟。结束后，双手搓搓脸，再听会儿音乐。这样的训练是为了培养胎宝宝的思维和联想能力。

好可爱的漂亮宝宝啊！

第34周 我要适应外面的世界

我会经常睡觉，这是因为我脑部正在飞速地发育。现在我的脑部已经包含了上亿的神经细胞，完成了更复杂的将神经细胞和神经细胞的突触连在一起的任务。我的脂肪层正在变厚，这些脂肪层在我出生后会帮助我保持体温。

第232天 准爸爸讲笑话：帮忙

妈妈和宝宝的变化

胎宝宝可能已经形成了很好的头朝下的姿势。胎宝宝的头部是最重的，重力的作用会使子宫的形状有利于胎头向下。

很有趣的小笑话，可以增进夫妻感情，也能让宝宝怡然自得。

帮忙

在邮局大厅内，一位老太太走到一个中年人跟前，客气地说："先生，请帮我在明信片上写上地址好吗？"

"当然可以。"中年人按老人的要求做了。

"谢谢！"老太太又说，"再帮我写上一小段话。好吗？"

"好吧！"中年人照老太太的话写好后，微笑着问道，"还有什么要帮忙的吗？"

"嗯，还有一件小事。"老太太看着明信片说，"帮我再加一句：字迹潦草，敬请原谅。"

第233~234天 放松运动，顺利分娩

妈妈和宝宝的变化

胎宝宝的听觉发育良好，对一些熟悉的声音正在建立记忆。孕妈妈碰到突然的响声或陌生的噪声会吓到胎宝宝，他会翻身或者心率加快。

孕妈妈现在要学会放松，并享受与胎宝宝共处的每一刻。放松运动有助于孕期健康和顺利分娩，但要适当注意不要做剧烈运动。

什么时间运动

早上、晚上都可以，拿出20分钟就够了。

如何运动

戴上耳机，调暗灯光，坐在舒适的椅子上或躺下，平静一会儿，脑子里什么都不想。孕晚期的孕妈妈可以用垫子支撑着腹部侧卧着。

伸展脚趾，感到牵拉力，然后慢慢放松，再摇动几下。

用力绷紧两膝和大腿肌，保持几秒钟，然后放松，让大腿向两侧摆动。

绷紧腹肌，给胎宝宝一个大的紧缩力，然后尽量放松，使胎宝宝的活动空间加大。

握拳，保持一段时间，然后松开手指。

尽量向上提肩，保持一段时间后再放下，反复进行，使双肩得到放松和舒适。

深呼吸，体会身体的感觉，让胎宝宝在越来越拥挤的空间里得到更多的氧气。

Tips

适当运动帮助自然分娩

要想自然分娩，孕妈妈每日最好步行20分钟。若是散步，时间不能太长，以不感到疲劳为宜。除散步外，孕妈妈也可以做一些力所能及的家务，适当慢慢地活动，有利于缩短产程。

第235~236天 儿歌:《小公鸡》

妈妈和宝宝的变化

孕妈妈肚子尺寸的增加将基本由胎宝宝导致，羊水的量每周都会减少一些。

这首《小公鸡》再简单不过了，只要学会两个小节，整首歌就都会唱了，有趣又好听，孕妈妈快带着胎宝宝唱唱看吧！

小公鸡

1=F 2/4

俄罗斯民谣
克拉谢失 改编

2 2 1 | 2 2 6 | 2 2 1 | 2 2 6 | 2 2 1 1 |
小 公 鸡， 小 公 鸡， 金 鸡 冠， 真 美 丽， 头 上 发 光

2 2 6 | 2 2 1 1 | 2 2 6 | 2 2 1 |
亮 晶 晶， 身 上 穿 着 五 彩 衣。 为 什 么

渐慢

2 2 6 | 2 2 1 | 2 2 6 | 2 2 1 | 2 2 6 ‖
清 早 起， 大 声 叫 喔 喔 啼， 吵 醒 了 小 弟 弟。

潮妈奶爸心语

小熊偷了小姑娘的红皮鞋，但是小熊知道错了，知错能改仍然是好孩子。亲爱的宝宝，希望你以后做个诚实的好孩子！

第237~238天 有趣故事会：《小熊穿皮鞋》

妈妈和宝宝的变化

孕妈妈要提前学习在分娩中呼吸和放松的技巧。胎宝宝在子宫中得到营养，而其自身的消化系统也开始发挥作用。

小熊在路边玩耍，迎面走来一位漂亮的小姑娘，小姑娘走起路来咯噔咯噔响，声音非常清脆。哎呀，小姑娘穿着一双崭新的红皮鞋，鞋子闪闪发亮，小熊真喜欢。它禁不住跟在小姑娘后头，但是小姑娘丝毫没有发现，只是咯噔咯噔向前走。

前面有一条清清的小河，河里有小鱼儿摇着尾巴游来游去。小姑娘忍不住脱下鞋子，卷起裤腿，走到河里去捉鱼。

小熊偷偷跑过去，用爪子轻轻抚摸红皮鞋，哎呀，太光滑了。小熊将红皮鞋套在自己脚上，真好看啊！小熊穿上皮鞋就不舍得脱下来了，他骗自己说：“小姑娘肯定不喜欢这双鞋子，要不然，她为什么会把它扔在草地上呢？既然她不要了，那我就把这双鞋子带走吧！”

小熊穿着红皮鞋走了。

星期六的晚上，小熊和朋友们去看表演。台上有个小姑娘在唱歌，唱得真好啊！小熊忽然呆住了，唱歌的那个小姑娘就是红皮鞋真正的主人。不过这会儿，她的脚上是一双破破烂烂的黑皮鞋。

小熊低下头看着脚上的红皮鞋，脸唰地就红了。它脱下鞋子，跑上台，把鞋子塞到小姑娘的手里。小姑娘之后又表演了跳舞节目，红皮鞋在灯光下一闪一闪的，特别漂亮。

小熊回家时，光脚踩在地面上，踩得特别重，就跟穿着红皮鞋一样神气。

第35周 头朝下为出生做准备

我的皮下脂肪增多，身体圆滚滚的。我已经完成了身体大部分的发育，从脚趾到头发。我的两个肾脏已经发育完全，肝脏也能够代谢一些废物了。我的头一点点朝下，为见爸爸妈妈做准备。

第239天 诗歌欣赏：《面朝大海，春暖花开》

妈妈和宝宝的变化

胎宝宝正在眨眼，并学习如何聚焦，会对进入子宫中的光线做出反应了，即瞳孔会变大。

从明天起，做一个幸福的人
喂马、劈柴，周游世界
从明天起，关心粮食和蔬菜
我有一所房子，面朝大海，春暖花开
从明天起，和每一个亲人通信
告诉他们我的幸福
那幸福的闪电告诉我的
我将告诉每一个人
给每一条河每一座山取一个温暖的名字
陌生人，我也为你祝福
愿你有一个灿烂的前程
愿你有情人终成眷属
愿你在尘世获得幸福
我只愿面朝大海，春暖花开

——海子

第240~241天
戏曲欣赏:《天上掉下个林妹妹》

妈妈和宝宝的变化

胎宝宝会伸舌头，这是吸吮反射建立所必需的。这种先天的反射可以帮助胎宝宝找到乳头，然后协调呼吸、吸吮和吞咽等一系列动作。

今天，孕妈妈和胎宝宝一起来欣赏中国第二大剧种——越剧的经典唱段《天上掉下个林妹妹》。

越剧长于抒情，以唱为主，声腔清幽婉丽、优美动听，表演真切动人，极具江南灵秀之气。这段《天上掉下个林妹妹》讲述的是黛玉刚来到贾府，看到“还愿”归来的宝玉，在相互见礼中，两人互相表述印象的精彩唱段。

这段婉转悠扬的唱段会让孕妈妈的心情得到放松，也是很好的胎教音乐素材。

宝玉：

天上掉下个林妹妹，
似一朵轻云刚出岫。

黛玉：

只道他腹内草莽人轻浮，
却原来骨格清奇非俗流。

宝玉：

娴静犹如花照水，
行动好比风扶柳。

黛玉：

眉梢眼角藏秀气，
声音笑貌露温柔。

宝玉：

眼前分明外来客，
心底却似旧时友。

第242~243天 有趣故事会:《穿靴子的猫》

妈妈和宝宝的变化

在这个时候，孕妈妈每次感觉到阵痛，都会担心是临产。但孕妈妈要记住，虽然已经到了妊娠后期，但多数的疼痛都与便秘、拉伸韧带等有关，而不是由于分娩造成的。

一个磨粉匠过世前，给三个儿子留下了三样遗产，一盘石磨、一头驴子和一只猫。大哥拿走石磨，二哥得了驴子，而小弟弟只分得了那只猫。

小弟弟很伤心，他觉得大哥二哥合伙就能开业了，但是他不知道做什么好。猫对他说："你给我一个口袋，再给我一双靴子，让我能够在荆棘地上行走，我就会给你带来好处的。"

猫穿上靴子，将布口袋系在脖子上，用两只前爪握住袋口的绳子，然后到树林里去了。他在口袋里放上米糠和莴苣，然后躺在地上装死，等着那些傻乎乎的兔子到袋子里吃。猫刚躺下来就有一只冒失的傻兔子钻进口袋里。猫立即收拢袋口，得意洋洋地带着猎物去王宫求见国王。猫对国王说："陛下，这只兔子是我的主人卡拉巴侯爵（他随便为主人编造了一个名字）委托我进献给您的。"

国王回答说："谢谢你主人的美意，对他说，我很喜欢这份礼物。"

第二天，猫去躺在麦地里，捉住了两只鹧鸪，之后，他又将这份礼呈献给国王。国王高兴地收下了礼物，还给了他一些赏金。

猫每天都以主人的名义向国王进献猎物。两三个月之后，他得知国王要带着自己的女儿——世界上最美丽的公主出游，于是要主人到某条河里去洗澡。

那天，主人在河里洗澡的时候，国王的马车从河边经过，猫大叫起来，说卡拉巴侯爵快淹死了。人们把这个所谓的侯爵救起来，猫对国王说，他的主人洗澡时，有一群小偷将衣服都偷走了。于是国王立即送给卡拉巴侯爵一套华贵的衣服，邀请他同游。公主看到英俊文雅的侯爵，很快便爱上了他。

猫在马车前面跑，看到农民在割草，于是威胁他们，要他们说这片草地是卡拉巴侯爵的。碰见割麦子的人，猫也同样威胁。农民们很害怕，于是都照猫的话做了。国王很惊讶卡拉巴侯爵拥有这样庞大的财富。

最后，猫来到一座美丽的城堡，城堡主人是一个妖怪。猫登门拜访，对妖怪说想见识他的变化本领。妖怪说自己能随意变化，说着就变成了一只狮子，把猫吓个半死。猫又要求妖怪变成耗子。妖怪刚变成一只小耗子，猫立马扑过去，将它吃掉了。

这时，国王的马车经过这里，猫赶紧上前迎接，对着国王高叫：“欢迎陛下光临卡拉巴侯爵的城堡！”国王对卡拉巴侯爵的财富大为赞叹，又见自己的女儿对他很钟情，于是将女儿许配给他。

侯爵同公主结婚了，就住在城堡里。猫成了大功臣，每天过着舒舒服服的日子。

潮妈奶爸心语

宝宝你看，这只猫够聪明吧？你以后是不是也要对猫更好一些呢？说不定它们都一样聪明呢！

第244~245天 古诗欣赏：《渭川田家》

妈妈和宝宝的变化

孕妈妈仍要继续保持健康，现在所做的每一种努力都会让你的分娩受益。

唐代是中国古代诗歌的鼎盛时期，王维是田园派诗人的代表，其诗作有“诗中有画，画中有诗”的美誉，孕妈妈来感觉一下。

渭川田家 王维

斜光照墟落，穷巷牛羊归。
野老念牧童，倚杖候荆扉。
雉雊麦苗秀，蚕眠桑叶稀。
田夫荷锄至，相见语依依。
即此羡闲逸，怅然吟式微。

这首诗是描写田家闲逸的。诗人面对夕阳西下、夜幕降临、恬然自得的田家晚归景致，顿生羡慕之情。开头四句，写田家日暮时的闲逸景象。五、六两句写农事。七、八两句写农夫闲暇。最后两句写因闲逸而生羡情。全诗用白描手法，描绘了渭河流域初夏乡村的黄昏景色，清新自然，诗意盎然。

第36周 我还在继续长体重

我的肺已经完全成熟，但仅靠自身的力量还不能呼吸。覆盖在我全身的绒毛和在羊水中保护皮肤的胎脂开始脱落，我的皮肤变得细腻柔软，变得越来越漂亮了。我仍然在继续增长体重呢！

第246天 堆积木

妈妈和宝宝的变化

有的孕妈妈脚踝和小腿会出现水肿，可抬高腿坐着，或躺在地上，把腿架在墙上，或者穿弹力袜等来缓解。

今天，孕妈妈教胎宝宝来堆积木。在孕晚期选择堆积木作为胎教内容，可以刺激胎宝宝的大脑良性发展。

选择颜色鲜艳、形状简单的积木作为道具，试着把积木排成长长的一列，然后再打乱，重新再排，并在脑海里把所看的信息形象化，通过意识传递给胎宝宝。

第247~248天 悦耳童谣唱起来

妈妈和宝宝的变化

胎宝宝的肺已经做好了正常工作的准备，如果此时出生，肺可以为孩子提供支持。目前，胎宝宝仍算未成熟儿，直到37周才算足月儿。

离胎宝宝降临的日子越来越近，孕妈妈继续为胎宝宝读点好听悦耳的童谣，让胎宝宝快乐地听着妈妈的声音，从而培养语言的潜能吧！

两只小兔

两只小白兔
两只小白兔，
上山采蘑菇，
碰见只小鹿，
正在种萝卜，
红萝卜，白萝卜，
馋得小兔拍肚肚，
小鹿拔萝卜，
送给小白兔，
小兔吃萝卜，
忘了采蘑菇。

糊灯笼

红红糊个红粉灯笼，
芬芬糊个粉红灯笼。
红红糊完红粉灯笼糊粉红灯笼，
芬芬糊完粉红灯笼糊红粉灯笼。

第 249~250 天

名画欣赏：《墨葡萄图》

妈妈和宝宝的变化

胎宝宝的心率非常快，110～160 次 / 分。出生后，宝宝的心率也会保持这个水平，需要几年的时间才会降低到成人水平，即 70 次 / 分钟。

徐渭，中年学画，笔法潇洒，妙趣天成，比较擅长写意花鸟景物。

孕妈妈看看这幅画，水墨葡萄一枝，茂盛的叶子以大块水墨点成，串串果实倒挂枝头，鲜嫩欲滴，形象生动，是不是很诱人呀?

第251~252天 有趣故事会:《小熊的苹果树》

妈妈和宝宝的变化

孕妈妈的羊水量减少，胎宝宝活动的空间减少，被孕妈妈感受到的可能性增大，因为更多的活动会触碰到子宫壁。

小熊有一棵苹果树，每天都给苹果树浇水、施肥、捉虫。小猴子、小花鹿和小山羊看见了，就跑过来与小熊一起给苹果树浇水、施肥、捉虫。小熊很高兴，说:“等苹果熟了，我请你们吃。”

可是，一场风雨过后，小苹果都掉了。小熊很伤心，大家安慰它说:“我们大家和你一起照顾苹果树，明年一定可以结出又大又红的苹果。”于是，大家重新开始浇水、施肥、捉虫。

忙着、忙着，小熊突然发现在一片密密的叶子中，还有一个小苹果。小熊刚想告诉大家的时候，却想到，只有一个了，给他们我自己就没有了。

在之后的日子里，大家仍然经常来帮忙照顾苹果树。小熊看着大家忙碌的样子，忽然明白，我们是好朋友啊！好朋友是要互相爱护、互相分享的。于是，小熊再也不考虑自己有没有苹果的问题了，他决定带着大家去看那个又红又大的苹果。

潮妈奶爸心语

小熊最后明白了，好朋友之间应该互相爱护、互相分享。亲爱的宝宝，这也是你需要具备的品质哦！

孕10月

可爱的宝贝终于来了

第37周 我不能随意活动了

我现在的体重有3千克左右。我体内的脂肪增加到约8%，到出生时约15%。我现在正在练习呼吸，因为身体逐渐长大，空间太小，我已经无法做大的运动了。

第253天 爸爸妈妈玩跳棋

妈妈和宝宝的变化

孕妈妈的大肚子给生活带来的影响越来越多，让孕妈妈行动不便，还改变了饮食习惯。

今天，准爸爸来和孕妈妈下跳棋吧！输赢的结果是次要的，重要的是通过这样的过程可以锻炼孕妈妈的逻辑思维能力，同时刺激胎宝宝大脑的良性发展。而且，相信其中的趣味还可以增进夫妻间的感情呢！

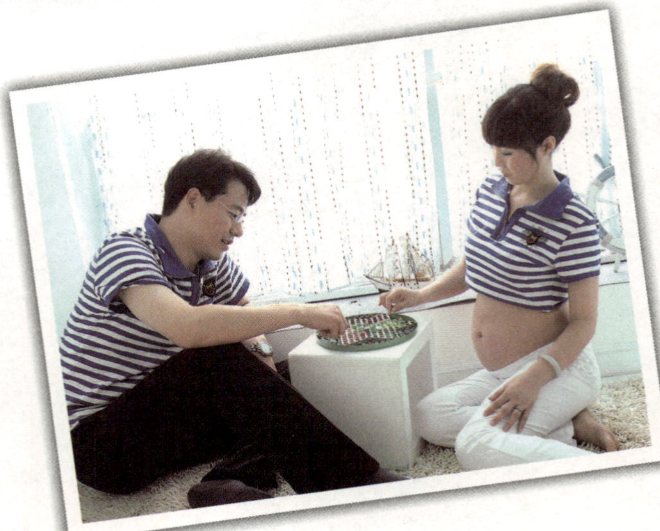

第254~255天 保健操让肌肉放松

妈妈和宝宝的变化

胎宝宝已经做好了应对外部世界的准备，内耳和外耳都已经成熟，已经习惯了孕妈妈的血流声和心跳声，还认识孕妈妈的声音了。

孕妈妈沉重的身体加重了下肢的负担，学习一些放松下肢肌肉的方法，可以让自己的身体更加舒适，同时也是放松精神的一种方法，要告诉自己：爱运动的妈妈才有更健康的宝宝。

精神的松弛法

精神的松弛是肌肉松弛的先导。如果想松弛身体，要先摒除杂念，使情绪平静。操作方法为：缓慢地、均匀地呼吸，每一次吸气、呼气都要轻，不要太用力，要匀、细、绵、长。

肌肉的松弛法

孕妈妈先仰卧，然后用几个枕头把肩背部及膝关节垫高，要做到使自己感到舒适。全身各个部分的肌肉轮流进行收紧和放松，可以从脚趾开始。

大腿肌肉练习法

怀孕期间孕妈妈的大腿要承受增加了胎宝宝重量的上半身的压力，能否使下半身的血液顺利回流、减少下肢水肿的程度，都取决于大腿的功能状态。因此可以通过每天适当步行来活动大腿，不要只是坐着或躺着。

按摩松弛法

1. 屈膝坐好，用两只手捏住左脚，两手的大拇指放在脚背上。将两个大拇指并齐，沿两根脚趾骨的骨缝向下按摩。按摩2~3分钟后换另一只脚。

2. 盘腿坐好，抬起左脚，将右手的四根手指（除大拇指外）从左脚的脚底方向全部插进脚趾缝里，刺激脚趾缝。做1分钟左右，然后换另一只脚。

潮妈奶爸心语

小田鼠将自己快乐的梦邮寄给别人，让大家也获得一份快乐。

第256~257天
有趣故事会：《邮寄梦的小田鼠》

妈妈和宝宝的变化

孕妈妈如果感觉乏力，不妨多摄入一些碳水化合物，这也是在等待分娩的日子里消磨时间的方法。

小田鼠可喜欢做梦啦！他在梦里会碰到各种各样稀奇古怪的事情。所以，小田鼠每天早上都不愿意起床，不论妈妈怎么叫他，他都不愿意动。放假的时候，小田鼠也不出去玩，就躺在床上，做着各种各样的美梦。等到晚上，睡够了的小田鼠才从洞里走出来，一边找吃的，一边回忆自己在白天做的那些梦，经常会边走边笑。等到深夜，小田鼠才回到洞里，一边美滋滋地吃着刚刚摘到的野果，一边拿画笔把白天做过的美梦画下来。

小田鼠画的梦越来越多，都要堆成一座高高的小山了，屋子里都搁不下了。

这一天，小田鼠出门的时候，碰见一只小燕子从天空飞过。“燕子燕子，你能帮我一个忙吗？”小田鼠赶紧叫起来。

“什么事啊？”小燕子停在了他面前的树枝上。

“我画了好多好多画，想送给山那边的动物朋友们。可是太远了，我走不过去。你能帮我送过去吗？”小田鼠不好意思地问。

“当然可以啦！包在我身上。”小燕子痛快地回答。

于是小田鼠就带着小燕子进自己的洞里，拿出已经封好的那些信封交给了小燕子。小田鼠不好意思地挠挠头：“这些都是我自己做的梦，寄出去给大家看看，让大家也分享一下我的快乐。”

小燕子惊讶地说：“这些画真有趣啊！小田鼠，你也能送我一幅吗？”

小田鼠高兴地笑了：“当然没问题了。你喜欢什么，自己挑吧！”

于是小燕子就挑了一个自己喜欢的梦，又带上小田鼠给其他小朋友寄去的梦，飞上了天空。小田鼠看着小燕子远去的身影，别提有多开心啦！

第258~259天 体味不同风格的音乐

妈妈和宝宝的变化

孕妈妈可能会有初乳分泌。保持乐观心情，不要压力太大，多数女性都会有足够的母乳来喂养宝宝。

胎教音乐可以多元化，因为不同的旋律、不同的节奏会带给胎儿不一样的感受和影响。欢快的、沉静的、梦幻的、激情的、淳朴的……不同演奏形式、不同艺术风格的乐曲，可以让胎宝宝在广阔丰富的音乐海洋中自在畅游。

推荐给孕妈妈的十首乐曲

《彼得与狼》——普罗科菲耶夫 这首曲子可以鼓励孕妈妈做一个勇敢、坚强的母亲，也可以用来教育胎宝宝要勇敢。

e小调第九交响曲《自新大陆》第二乐章——德沃夏克 这首曲子朴实可爱，令人回味无穷，可以帮助孕妈妈抚平焦躁的心情。

《杜鹃圆舞曲》——约纳森 这首曲子清新、流畅、充满生机，特别适合在早晨睡醒后倾听。

《梦幻曲》——罗伯特·舒曼 这首曲子自然、清丽、流畅，孕妈妈可以仔细地感受一下。

《培尔·金特》组曲中的《在山魔王的宫殿里》——格里格 这首曲子节奏感很强烈，充满激情，孕妈妈可以感受其中的力度与节奏。

《维也纳森林的故事》——约翰·施特劳斯 这首曲子优美动人，可以让孕妈妈感受到春天早晨的气息。

F大调第六号交响曲《田园》——贝多芬 这首曲子细腻动人、朴实无华、宁静安逸，孕妈妈可以沉浸其中享受宁静。

《拉德斯基进行曲》——老约翰·施特劳斯 这首曲子旋律欢快，节奏感强，孕妈妈可以在激情澎湃中感受无限活力。

《摇篮曲》——勃拉姆斯 这是妈妈哄宝宝入睡的乐曲，节奏简单轻柔，像一首抒情诗，孕妈妈可以在乐曲声中与胎宝宝说说话。

小提琴协奏曲《四季·春》——维瓦尔第 春的旋律轻快愉悦，孕妈妈可体会到一片春意盎然。

第38周 我皮肤滑溜溜的

我的指甲已经长到了手指和脚趾的末端，头发长到了2厘米左右。我身上原来的一层细细的绒毛和大部分白色的胎脂逐渐脱落，是一个皮肤滑溜溜的漂亮宝宝啦！

第260天 诗歌欣赏:《你是人间四月天》

妈妈和宝宝的变化

胎宝宝已经足月，特征已经非常明显。从现在开始，胎宝宝只是在储存脂肪来增加体重，以便产后供能和维持体温。

我说你是人间的四月天，
笑音点亮了四面风，轻灵
在春的光艳中交舞着变。
你是四月早天里的云烟，
黄昏吹着风的软，星子在
无意中闪，细雨点洒在花前。
那轻，那娉婷，你是，鲜妍
百花的冠冕你戴着，你是
天真，庄严，你是夜夜的月圆。
雪化后那片鹅黄，你像；新鲜
初放芽的绿，你是；柔嫩喜悦
水光浮动着你梦中期待的白莲。
你是一树一树的花开，是燕
在梁间呢喃，——你是爱，是暖，
是希望，你是人间的四月天！

——林徽因

第261~262天 为宝宝介绍一下家庭成员吧

妈妈和宝宝的变化

现在，孕妈妈就要做好分娩的准备了，保持理智和乐观，这将是美好的回忆。

胎宝宝就要出生了，提前三周和推后两周内都属于足月正常范围。孕妈妈可以利用临产前的时间来为宝宝介绍家庭成员，让他提前感受大家庭的温暖。

实施方法

孕妈妈可以一边轻轻抚摸肚子，一边对他说：“宝贝，妈妈来给你介绍一下咱们这个大家庭的成员：这是爷爷、奶奶——他们是爸爸的爸爸和妈妈。他们很慈祥，一定会很疼你的。这是姥爷、姥姥——他们是妈妈的爸爸和妈妈。他们很和蔼，非常关心你。还有和你朝夕相处的爸爸和我。你很幸福，有这么多人爱你，希望你健康快乐地来到我们身边。”孕妈妈还可以根据不同的情况，把每个人介绍得更详细些，可以包括职业、性格、爱好、外表等。

第263~264天 营养胎教：吃点催产菜

妈妈和宝宝的变化

在子宫中再待一段时间对胎宝宝有好处，但他的发育已经完成，成为足月儿。

快要进入产房了，孕妈妈此时需要吃饱、吃好，为分娩准备足够的能量，促进分娩尽快完成。所以今天请准爸爸下厨为孕妈妈做一款催生食品，以助孕妈妈一臂之力。

红烧海参

材料 水发海参100克，瘦肉、白菜各200克。

调料 姜丝、葱丝、高汤、酱油、盐、糖、料酒、淀粉、蚝油、香油、胡椒粉、花生油各适量。

做法

1. 将盐、糖、酱油、料酒、高汤调成煨料。再将蚝油、淀粉、香油、胡椒粉、清水调成芡汁。
2. 将水发海参、姜丝、葱丝放入开水内煮5分钟，捞出海参，除去内脏洗净，切丝。瘦肉切成丝，加入酱油、淀粉、花生油拌匀，待用。白菜洗净，入沸水中焯一下捞出。
3. 锅中下入花生油，烧热，放入姜丝、葱丝爆香，加入海参及煨料煮至海参软烂，放入瘦肉丝炖2分钟后加入白菜、芡汁，炒熟上盘即可。

第265~266天 有趣故事会:《橘子月亮》

妈妈和宝宝的变化

每一天，临产的可能性都增加一点。孕妈妈可能有假宫缩，这有助于松弛子宫颈。胎宝宝周围的羊水保证他不会感受到这种轻微的收缩。

中秋节到了，小鹿送给笨笨熊一大筐橘子。橘子真甜啊，笨笨熊停不了嘴，很快就只剩下一个了。笨笨熊想，要是能有一棵橘子树就好了。于是他将最后那个橘子种在院子里，每天浇一桶牛奶。

一个星期了，怎么还不见橘子树呢？笨笨熊在地里挖啊挖，怎么都找不到那个橘子了。笨笨熊问小猴："是你偷了我的橘子吗？"小猴说："是呀！你看天上，我把你的橘子种天上去了。"

笨笨熊抬眼一看，天上果然有个圆圆黄黄的大橘子，周围还有好多橘子核。于是他说："谢谢你，小猴子。"

笨笨熊很高兴地跑去对小白兔说："小白兔，你看，我的大橘子种在天上啦！"

小白兔说："你笨啊，那是我送给小玉兔的花篮。你看，小玉兔把花篮里的花撒得满天都是。"

笨笨熊气哼哼地回家了，等着橘子树长成。

一个星期过去了，笨笨熊发现糟了，圆圆的大橘子只剩下一半了。

笨笨熊跑去问淘气狗："你见到谁偷吃我的橘子了吗？我在天上种的橘子就剩半个了。"

淘气狗抬头一望，说："哎呀，那是一口大金锅，里头全是好吃的。"笨笨熊气坏了，跑到院子里坐着，看谁去偷吃橘子。可是一个星期过去了，笨笨熊发现，橘子就剩下一瓣了，橘子核倒是越来越多。

笨笨熊很伤心，在家里蒙头大睡，一个星期后，他再看一眼天上：哎呀，那瓣橘子长成大半个了。又过了一个星期，笨笨熊发现：橘子变圆了，看起来鲜美多汁。

可是夜里一声惊雷，笨笨熊抬眼一看：天上的橘子不见了！笨笨熊找啊找，怎么都找不到，坐在一棵大树下伤心地哭了。"咚"，好像有什么东西滚进怀里，"呀，天上的大橘子掉下来啦！"

第二天，笨笨熊把橘子一瓣一瓣送给朋友们。剩下最后一瓣，他咽了口口水，把它种在院子里了。

潮妈奶爸心语

宝宝你看，天上的橘子天天都在变呢，一瓣，一瓣，又一瓣，变成了一个圆圆的大橘子，你想吃吗？

第39周 我随时都准备出来了

我所有的身体器官已经准备好了，此时出生各种身体机能都能正常运作。我的肺部是最后一个成熟的器官，在出生后建立起正常的呼吸模式。

第 267 天　进行光照胎教啦

妈妈和宝宝的变化

越来越接近临产，孕妈妈可能会感到度日如年。保持活力可以让时间过得更快。

当胎宝宝醒来时，孕妈妈用手电筒的微光，一闪一灭地照射腹部，重复三次，从而促进胎宝宝视觉功能的健康发育。你可以一边做，一边和胎宝宝说话，例如告诉宝宝“现在是早晨或中午”。特别应该注意的是光照胎教切忌用强光照射，且时间不宜过长。也可以在晒太阳的时候，摸着自己的腹部，告诉胎宝宝，现在是什么时间，天上有没有云朵，阳光有多温暖，外面的世界有多美丽。

第 268~269 天 这样缓解产前焦虑

妈妈和宝宝的变化

在最后的两周，胎宝宝的体重持续增加，皮下脂肪不断沉积。如果现在出生，也是胖嘟嘟的样子了。

临近分娩，孕妈妈很容易紧张焦虑，所以此时的情绪调节很重要。如何来缓解产前焦虑呢?

知根知底就不会有无谓的担心。让自己了解分娩的全过程及可能出现的情况，了解分娩时该怎样配合医生，提前进行分娩前的训练，对减轻孕妈妈的心理压力会有很大的好处。

做好充分准备

定期做孕晚期的检查，丈夫此时要全程陪伴妻子，让妻子感受到家人对自己的关爱。

进行积极的心理暗示

多想一想宝宝，一想到马上就要见到日思夜想的小家伙了，是一件多么让人高兴的事啊！告诉自己“我的身体调养得很好，生宝宝没问题”“宝宝和我一起在努力”等，这些积极的心理暗示会让你信心倍增。

适时入院待产

如情况良好，孕妈妈无须提早进医院待产，因为医院里的气氛会让孕妈妈产生紧迫感。因此在出现分娩征兆前，准妈妈应安心在家待产，当出现明显的征兆时，就可以去医院待产。

Tips

帮助孕妈妈保持产前好状态的生活方式

1. 保持良好的饮食习惯，均衡摄入营养。
2. 记录饮食情况，保证每日摄取所需的营养。
3. 学习一些新生儿护理的知识。
4. 学习分娩知识，参加分娩学习班。
5. 按摩乳房，为即将到来的母乳喂养做好准备。
6. 坚持锻炼，这会让你的分娩过程更加顺利，还会让你产后恢复得更加迅速。

潮妈奶爸心语

乌龟大叔给青蛙呱呱制作了漂亮花伞，帮助呱呱卖掉了米糕，呱呱快乐，乌龟大叔也高兴了。亲爱的宝宝，帮助别人也是一种快乐哦！

第270~271天 有趣故事会：《香喷喷的花伞》

妈妈和宝宝的变化

马上就要到最后的时刻了，孕妈妈会觉得有些紧张，但同时又很兴奋。

青蛙呱呱正在田野大街上卖米糕。呱呱一遍又一遍地叫卖："卖米糕，香香甜甜、松松软软的米糕！"可是没一个人来光顾他的小摊。阳光越来越烈，看着一块块米糕都被晒得发硬了，呱呱只好推着小车往家走。

呱呱走到大门口，碰上了邻居乌龟大叔。

乌龟大叔关切地问："呱呱，你的米糕都卖完了吗？"

呱呱伤心地摇头说："唉，今天太倒霉了，一块米糕都没卖出去。这些米糕本来松松软软的，现在都快被太阳烤成石头了。"

呱呱说："我本来有一把伞的，但是上次刮大风，伞面都被刮破了。伞架我还搁在角落里呢！"

乌龟大叔想一下说："你赶紧把伞架拿给我，我帮你装一个新的伞面。"

呱呱非常高兴，赶紧进屋把伞架拿出来，交给乌龟大叔。乌龟大叔家门口有一个花园，花园里有各种各样美丽的鲜花。他把伞架拿回来，摘了很多很多花瓣，用针线仔仔细细地把花瓣缝起来，做成一块五彩绚烂的伞面，装到伞架上。

第二天太阳又很大，阳光烤得人发昏。呱呱赶紧撑开花伞，将火辣辣的太阳挡在伞外，很是舒服。花朵缝制的伞面散发出好闻的香味，在街道飘散开来。

"哎呀，好香啊，闻起来还有点甜丝丝的。"猪太太鼻子一向都很灵。

羊太太正巧走在猪太太身边，说："你看，这香味是从卖米糕的那边飘过来的。"

猪太太仔细一看，还真是这样，她于是说："那我得买几块米糕带回家去，既然这么香，那米糕肯定很好吃。"

听到猪太太这样说，大家都跟着她来到呱呱的小摊前。呱呱带来的一推车米糕很快就卖光了，大家生怕抢不到，还叮嘱呱呱从家里多拿一些米糕过来。

呱呱的生意从此以后一天比一天好。乌龟大叔也非常高兴，又种了一大片鲜花，争取每天都能帮呱呱换一个新的鲜花伞面。

第272~273天 名画欣赏:《向日葵》

妈妈和宝宝的变化

虽然经过了这么长时间的准备，孕妈妈在真正出发要去医院的时候，仍然可能手忙脚乱。提前做好准备，从容赶到医院。

凡·高是荷兰后印象派画家，是表现主义的先驱。

今天，孕妈妈来欣赏一下凡·高的代表作《向日葵》吧!

凡·高的《向日葵》是由绚丽的黄色色系组合而成的，那浓烈的黄色调是光明和希望的象征。在画中，每朵花如燃烧的火焰一般，细碎的花瓣和葵叶如同火苗一样布满画面，让整幅画犹如燃遍画布的火焰，显出画家的生命激情。

孕妈妈快来试着感受作品带来的光明和希望吧!

第40周 我会在这一周内出生

我所处的羊水环境有所变化，原来的羊水是清澈透明的，现在由于我身体表面绒毛和胎脂的脱落，以及我分泌物的产生，羊水变得有些浑浊，呈乳白色。胎盘的功能也逐渐退化，直到我娩出即完成使命。根据预产期，我将会在这一周出生。

第274天 引人入胜的填字游戏

妈妈和宝宝的变化

如果孕妈妈选择剖宫产，一般可以在这时候进行。选择这个时机是为了避免分娩出现意外，也可避免胎儿过早出生。离预产期越近，对胎儿越有好处。

孕妈妈填好后给胎宝宝多念几遍，别忘了把这些成语的意思也解释给他听哦，他可是非常好学的宝宝呢。

题目

天	女	散				
大						不
地						惊
			市			
地			井			定
回			俗			胜
春	色	撩		众	胜	天

答案

天	女	散	花	香	鸟	语
大			街			不
地			柳			惊
大	行	大	市	井	小	人
地			井			定
回			俗			胜
春	色	撩	人	众	胜	天

第275~276天 早早准备好待产包

妈妈和宝宝的变化

胎宝宝的骨骼已经有了一定的硬度，但是骨化的过程会一直持续到青春期。

必备钱物

1. 现金与医保卡。一般的医院，顺产费用为1400～2000元，剖宫产费用为4000～5000元（以北京地区为例）。如果有医保卡，要记得与钱放在一起。

2. 检查单据。它可以及时向医护人员反映孕妈妈的身体状况、胎盘功能及胎儿情况，以提前做好应对各种突发情况的准备。

3. 证件。夫妻双方的身份证、户口簿、结婚证及宝宝的准生证等。

妈妈的生活用品

1. 餐具：1套餐盒、勺子、筷子、洗涤灵。

2. 洗漱用品：牙膏、软毛牙刷、漱口杯一套；脸盆3个：洗脸1个，洗脚1个，洗下身1个；毛巾4条；热敷乳房1条，洗脸1条，洗脚1条，洗下身1条。

3. 衣服和帽子出院时需要穿戴。

4. 拖鞋。产妇在分娩后需要一双舒服的鞋子。

5. 收腹带。特别是剖宫产的产妇，收腹带可以避免伤口裂开，很有必要。

6. 水杯和吸管。方便孕妇饮水。

7. 产妇专用坐垫。可以保护产妇生产时受伤的会阴部位。

妈妈的哺乳用品

1. 哺乳衫应选择前开襟的衣服，方便妈妈喂奶。

2. 哺乳期专用胸罩应选择全面无钢架设计，可以防止产后乳房下垂。

3. 乳垫可以吸收溢出的乳汁，至少要准备两对，以便换洗。

4. 靠垫让孕妈妈舒服地靠在上面喂奶。

5. 消毒湿巾。在喂奶前后，用不含酒精的消毒湿巾清洁乳房、乳头。

第 277~278 天
腹式呼吸让胎宝宝呼吸新鲜空气

妈妈和宝宝的变化

如果胎宝宝跟骨盆还未衔接，不要担心，这不会影响分娩日期的到来。

胎宝宝现在个头很大了，腹中的空间对于他来说已经有些狭窄，此时，孕妈妈可以采用腹式呼吸法给胎宝宝运送新鲜空气。

腹式呼吸法可以在任何地点进行，当准妈妈感到疲劳时，可坐在椅子上，挺直脊背进行深呼吸。姿势要正确：脊背挺直，紧贴椅背，双膝和地面成 90 度角，全身放松，双手放在腹上，想象胎宝宝目前正在一个宽广的空间里，然后用鼻子吸气，直到腹部鼓起为止。吐气时稍微将嘴噘起，慢慢地将体内空气全部吐出，吐气时要比吸气更为缓慢且用力。

第279~280天 宝宝如约而至

妈妈和宝宝的变化

孕妈妈已经怀孕整整40周了，经过漫长的等待，马上就要见到宝宝了。

幸福的时刻终于来临，你的宝贝是什么样子呢？赶快用照相机记录下他出生时的模样，留下他的小手印、小脚印作为纪念，并展示给亲朋好友吧！

宝贝，你好

姓名：　　　　　小名：

出生日期：　　　星座：

生肖：　　　　　身长：

体重：

爸爸妈妈的一句寄语：

宝宝照

附录 亲亲宝贝抚触操

面颊抚触

1. 妈妈把双手的拇指放在宝宝前额眉间上方，用拇指的指腹轻揉额头并向外平推至太阳穴。

2. 妈妈将双手拇指置于与宝宝眼睛水平的鼻梁两端，其余手指置于宝宝脸侧固定。双手拇指沿鼻梁方向向下揉压至鼻翼处，再沿水平方向绕过颧骨，按至宝宝耳垂处。

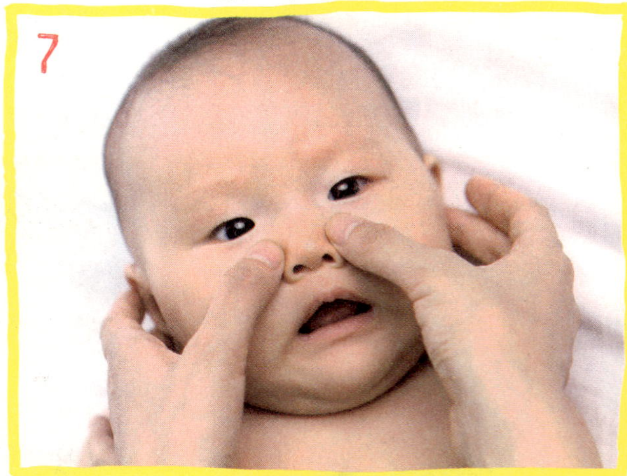

扯摸耳垂

妈妈用拇指和食指轻轻按压耳朵，从最上面按到耳垂处，反复向下轻轻拉扯，然后再不断捏揉。

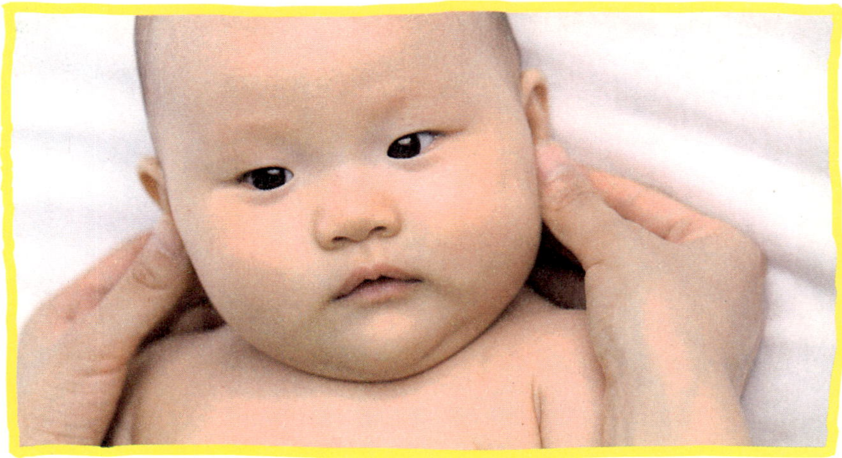

手臂抚触

妈妈轻轻捏宝宝的手臂，从上臂到手腕，如此反复 3~4 次。

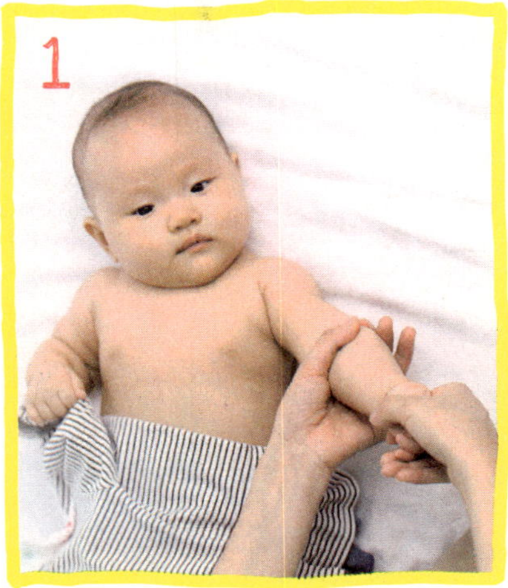

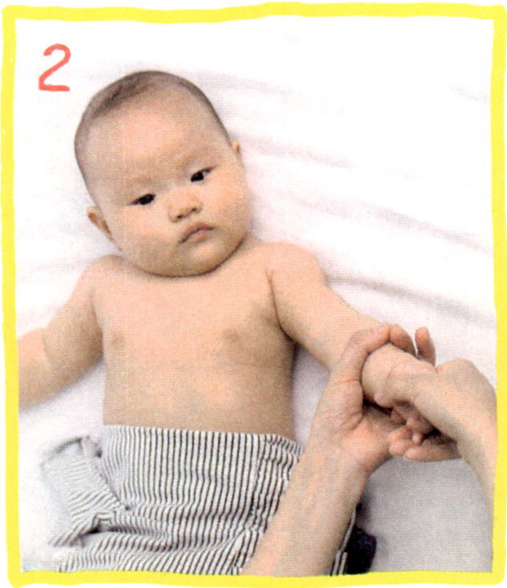

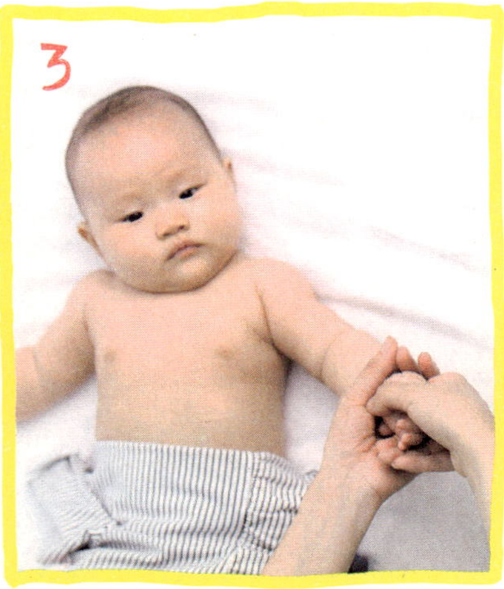

手臂伸展

妈妈拉着宝宝的手腕，将宝宝的两臂左右分开，掌心向上，再稍合拢，如此反复。

手部抚触

1. 妈妈用手指画小圈按摩宝宝的手腕，用拇指按摩宝宝的手掌，使宝宝的小手张开。

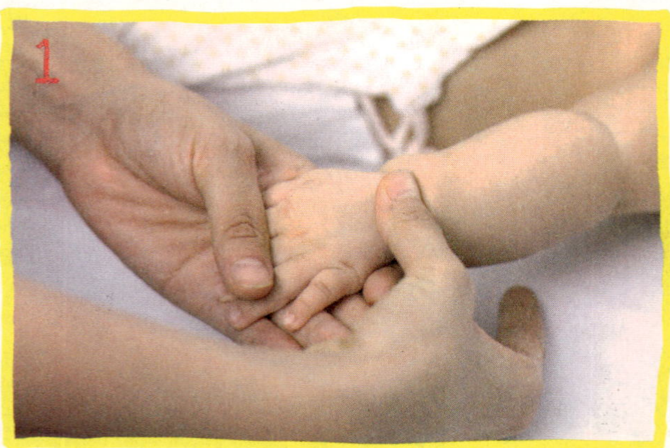

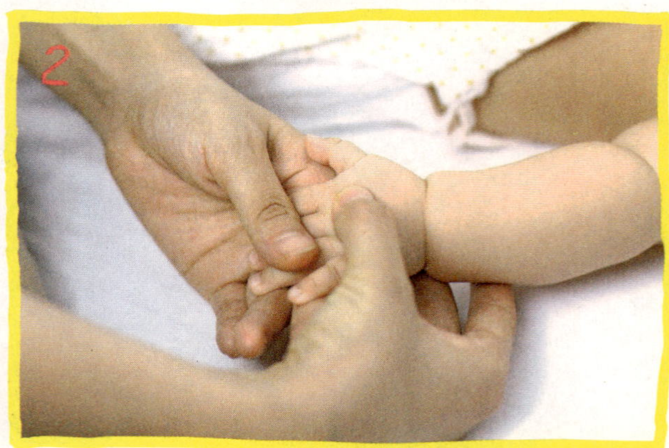

2. 妈妈伸出拇指，让宝宝抓住，然后，用其他四个手指按摩宝宝的手背。

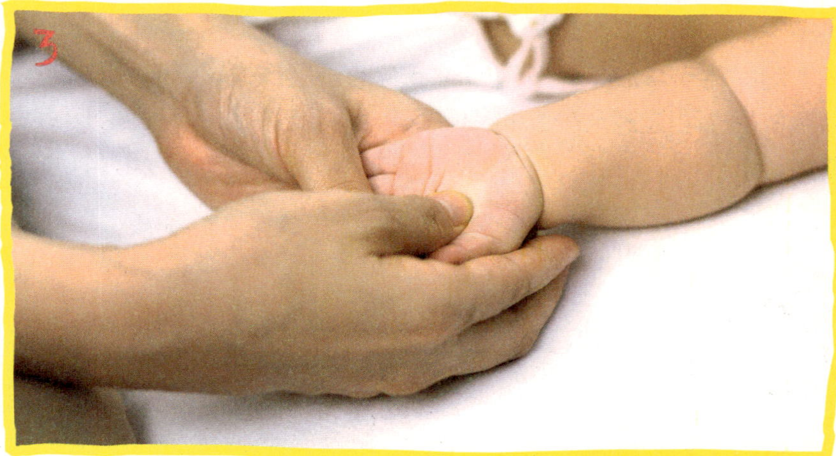

3. 妈妈用一只手托住宝宝的手，另一只手的拇指和食指轻轻捏住宝宝的手指，从小指开始依次转动、拉伸每个手指。

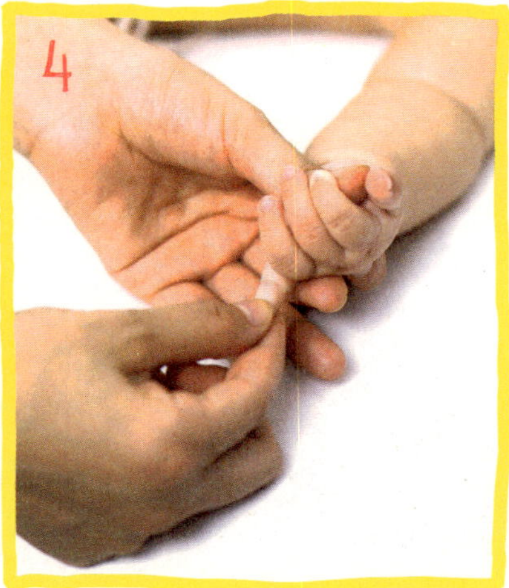

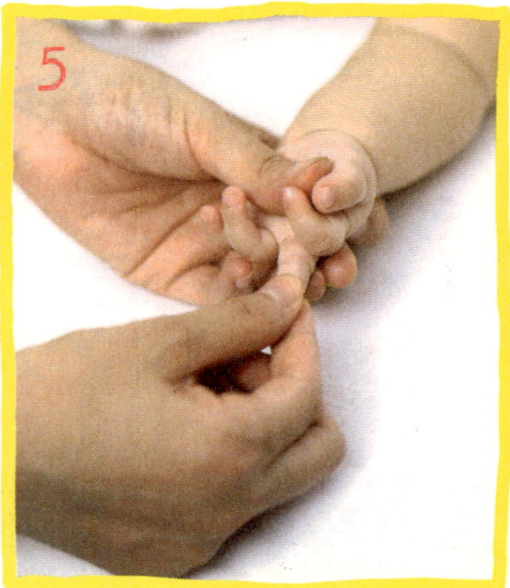

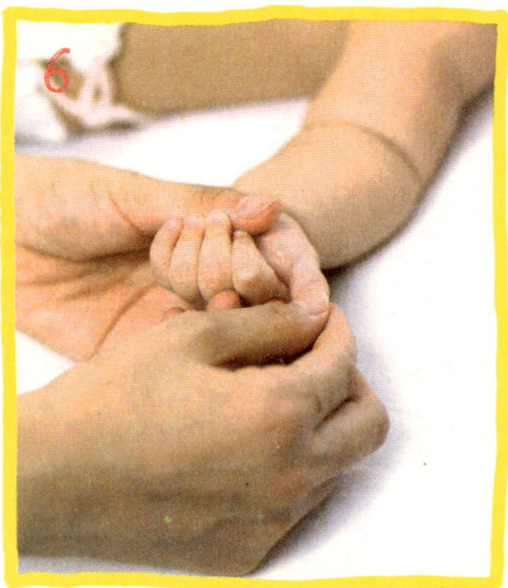

腹部抚触

妈妈将手掌放平，按照顺时针方向画圆抚摸宝宝的腹部。注意动作要特别轻柔，且不能离肚脐太近。

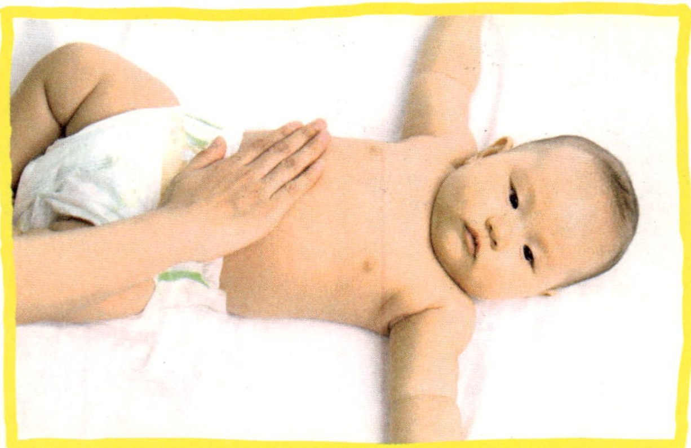

胸部抚触

妈妈的双手放在宝宝的两侧肋缘，先用右手向上滑向宝宝右肩，复原；再换左手上滑到宝宝左肩，复原。这样重复3~4次。

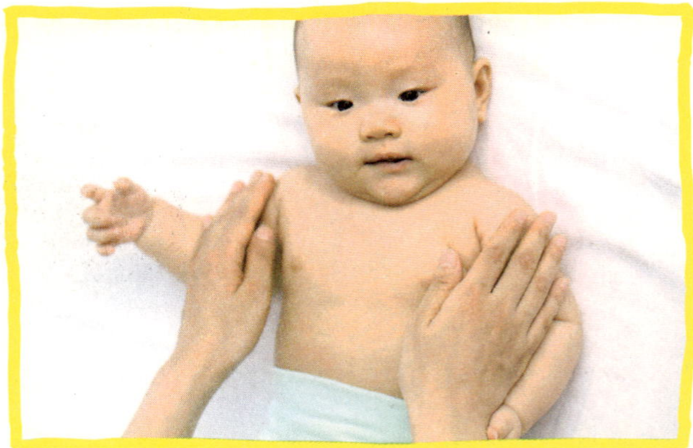

背部抚触

妈妈将双手的大拇指平放在宝宝脊椎两侧，其他手指并在一起，扶住宝宝的身体。然后，用拇指指腹分别由中央向两侧轻轻抚摸，从肩部慢慢移至尾椎，反复3~4次。

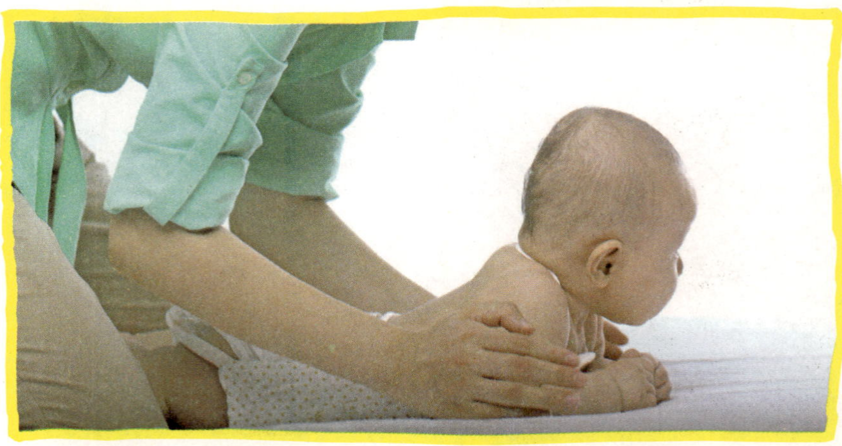

腿部抚触

1. 用拇指、食指和中指轻轻揉捏宝宝大腿的肌肉，从膝盖处一直按摩到尾椎下端。

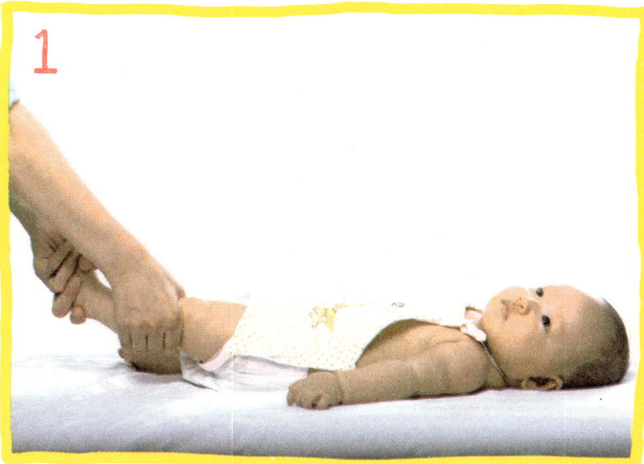

2. 用一只手握住宝宝的脚后跟，另一只手握住宝宝的小腿，沿着膝盖向下捏压、滑动至脚踝。

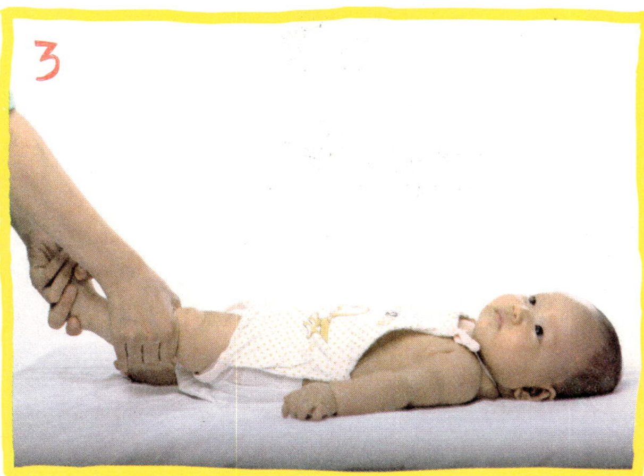

图书在版编目（CIP）数据

每天 10 分钟有趣胎教 / 王山米主编．—长春：吉林科学技术出版社，2014.5
ISBN 978-7-5384-7474-9

Ⅰ．①每…　Ⅱ．①王…　Ⅲ．①胎教—基本知识…　Ⅳ．① G61

中国版本图书馆 CIP 数据核字（2014）第 041315 号

每天 10 分钟有趣胎教

主　　编　王山米
编 委 会　王山米　刘红霞　牛东升　李青凤　石艳芳　张　伟　石　沛　张金华　葛龙广　戴俊益　李明杰
霍春霞　高婷婷　赵永利　余　梅　李　迪　李　利　王能祥　费军伟　张爱卿　常秋井　吕亚娜
安　鑫　石玉林　樊淑民　张国良　李树兰　谢铭超　王会静　陈　旭　王　娟　徐开全　杨慧勤
卢少丽　张　瑞　李军艳　崔丽娟　季子华　吉新静　石艳婷　陈进周　李　丹　逯春辉　李　鹏
李　军　高　杰　高　坤　高子珺　杨　丹　李　青　梁焕成　刘　毅　高　赞　高志强　高金城
邓　晔　常玉欣　黄山章　侯建军　李春国　王　丽　袁雪飞　张玉红　张景泽　张俊生　张辉芳
张　静　张　莉　赵金萍　石　爽　王　娜　金贵亮　程玲玲　段小宾　王宪明　杨　力　孙君剑
张玉民　牛国花　许俊杰　杨　伟　葛占晓　徐永红　张进彬　王　燕　朱　敏
全案策划　悦然文化
出 版 人　李　梁
策划编辑　赵洪博
执行编辑　周　禹

开　　本　889mm × 1194mm　1/24
字　　数　220 千字
印　　张　11
印　　数　1-10000 册
版　　次　2014 年 9 月第 1 版
印　　次　2014 年 9 月第 1 次印刷
出　　版　吉林科学技术出版社
发　　行　吉林科学技术出版社
地　　址　长春市人民大街 4646 号
邮　　编　130021
发行部电话 / 传真　0431-85677817　85635177　85651759　85651628　85600611　85670016
储运部电话　0431-84612872
编辑部电话　0431-86037698
网　　址　www.jlstp.net
印　　刷　长春第二新华印刷有限责任公司
书　　号　ISBN 978-7-5384-7474-9
定　　价　39.90 元